｜全国教育科学"十三五"规划国家一般项目"制度伦理视域下中国高等教育公平实现路径研究"（BIA150115）之阶段性成果｜

高等教育公平论

——基于制度伦理的研究

高树仁　著

大连理工大学出版社

图书在版编目(CIP)数据

高等教育公平论：基于制度伦理的研究 ／ 高树仁著
. --大连 ：大连理工大学出版社，2023.12
ISBN 978-7-5685-4315-6

Ⅰ．①高… Ⅱ．①高… Ⅲ．①高等教育－公平原则－
研究－世界 Ⅳ．①G649.1

中国国家版本馆 CIP 数据核字(2023)第 058594 号

GAODENGJIAOYU GONGPINGLUN
—— **JIYU ZHIDU LUNLI DE YANJIU**

大连理工大学出版社出版

地址：大连市软件园路 80 号　　邮政编码：116023
发行：0411-84708842　　邮购：0411-84708943　　传真：0411-84701466
E-mail：dutp@dutp.cn　　　　URL：https：//www.dutp.cn
大连图腾彩色印刷有限公司印刷　　大连理工大学出版社发行

幅面尺寸：163mm×230mm　　印张：14.25　　字数：205 千字
2023 年 12 月第 1 版　　　　2023 年 12 月第 1 次印刷

责任编辑：邵　婉　王　洋　　　　　　　责任校对：杨　洋
封面设计：张　莹

ISBN 978-7-5685-4315-6　　　　　　　定　价：99.00 元

本书如有印装质量问题，请与我社发行部联系更换。

前　言

>>>>

　　高等教育公平作为一种重要的价值，是个人理想、家庭理想与社会理想的集中反映。伴随着我国高等教育从精英教育进入大众化阶段，并逐步向普及教育加快推进，越来越多的适龄青年进入高等学校学习，传统意义上的入学机会"不公平"问题得到一定程度的缓解，但是高等教育公平的深层次问题仍然没有得到根本解决。由于人们对于高等教育的利益诉求呈现多样化、复杂化的样态，对优质高等教育有了更高的期待，不仅希望进入大学，而且希望得到优质的高等教育，更希望毕业后得到公平的待遇，获得平等的机会，实现更好的发展。这种供给和需求之间的永恒矛盾使高等教育公平问题成为一个历久弥新的课题，值得不断思考和深入研究。

　　高等教育公平不仅是一个学术性议题，也是一道异常艰深且必须予以正面解答的实践议题。党的十九大报告提出"努力让每个孩子都能享有公平而有质量的教育"①的目标，党的二十大报告又强调要"坚持把实现人民对美好生活的向往作为现代化建设的出发点和落脚点，着力维护和促进社会公平正义"②。教育公平是社会公平的重要基础③，也是人生公平的重要结点。高等教育作为一种制度文明的产物，制度是维系高等教育发展的基础和前提，也构成了高等教育公平的现实空间。高等教育的

---

　　① 习近平.决胜全面建成小康社会 夺取新时代中国特色社会主义伟大胜利[N]. 人民日报，2017-10-28(001).

　　② 习近平.高举中国特色社会主义伟大旗帜 为全面建设社会主义现代化国家而团结奋斗[N]. 人民日报，2022-10-26(001).

　　③ 胡锦涛在党的十七大上的报告(全文)[N].新华网，2007-10-24.

制度建构是公平问题的实质和关键。对于高等教育公平的探索需要发挥制度的定序作用、增效作用和协调作用,只有揭开了制度当中"隐藏的"制度逻辑和运作规律,才能找到通往高等教育公平的路径;只有秉持了制度所应遵循的价值理念和道德伦理,才有可能实现真正的高等教育公平。也就是说,高等教育公平问题需要在治理的框架、步骤、技术上有顶层设计,更需要在价值层面上筑牢制度伦理的基础。

公平的高等教育制度是一个多维度的体系,高等教育公平的治理是一个综合化的系统。在新时代背景下,高等教育的公平发展除了要强化制度落实、优化资源配置,还要特别关注教育制度的伦理问题。制度作为人类特殊的活动现象,蕴含着基于不同伦理导向的价值选择过程。在教育制度的诸多价值选择中,"效率"与"公平"似乎是一对永恒的矛盾。"效率优先"亦或"公平先行",代表着不同时期关于教育权益结构性安排的取舍和选择。效率导向的教育制度有助于开启高等教育发展的新动能,但也带来了教育内部资源竞争的加剧和公平感知的危机。公平导向的教育制度饱含着人民群众对美好教育的期盼、对优质教育的诉求,旨在通过平衡机制、协调机制将差别教育控制在社会各阶层可承受的限度之内。也就是说,不同的制度导向代表着制度体系对于教育权利与义务关系的不同结构性安排,影响着高等教育的公平及其实现程度。

对于高等教育公平的探究,还需要尽力揭示制度的价值实现问题,即制度设计与制度实施背后隐藏的伦理机制。高等教育公平的实现以有效的教育制度为依赖条件。制度伦理作为教育制度的"软件"部分,对高等教育公平具有启动、导向和制约的功能。高等教育公平的制度伦理建设包括制度伦理设计和制度伦理实施两个基本部分。制度的伦理设计是高等教育公平的基础,只有制度本身具有"道德性""合法性"和"公正性",才能将它的实施引向公平的教育目标。换言之,在教育制度的设计中应渗透公平、正义、包容、发展的伦理意蕴,构建良善制度,使之符合教育公平的价值追求。教育制度的伦理实施包括教育行政权力的公正运用、教育管理者的行为示范以及教育公平问题的合理校正等实践机制和资源条件。也就是说,教育制度本身连接着独特的公平影响机制,公平的高等教育制度必须在设计时考虑其实施的可能性、可行性、合理性与效率性问题,具体表现为制度伦理设计与制度伦理实施两个方面的整合。制度本身并不能保证高等教育公平的普遍性和持久性,教育公平制度的伦理实施是产生实效性的关键。仅有合理的教育制度,而未能将其有效落实,再好的制度也将是一纸空文。因此,制度伦理是系统思考和解决高等教育公平问题的一个重要理论视角。

本书是全国教育科学"十三五"规划国家一般项目"制度伦理视域下中国高等教育公平实现路径研究"的阶段性研究成果,主要由作者在其博士学位论文的基础上修改而成,并集结了与科研团队联袂发表的有关高等教育公平宏观、中观、微观研究的代表性论文的观点。本书所汇集的学术论文包括《高等教育转型的结构——制度整合模式》(发表于《教育研究》2017 年第 5 期)、《基于教育权益的高等教育公平研究——价值判断、权益失衡与制度保障》(发表于《中国高教研究》2014 年第 3 期)、《我国高等教育公平政策范式及其治理路径论析》(发表于《大学教育科学》2020 年第 6 期)、《芬兰教育体系的公平之维:历程、经验与启示》(发表于《大连理工大学学报:社会科学版》2020 年第 6 期)、《高等教育发展方式转变的历史逻辑与现实选择》(发表于《高等教育研究》2015 年第 10 期)、《我国高等教育公平的困境及其化解——基于现实约束条件的思考》(发表于《黑龙江高教研究》2015 年第 9 期)、《城乡一体化:教育发展新范式的内生与他构》(发表于《中国教育学刊》2015 年第 9 期),经过整理、修改、重组和拓展,再现成书,直至出版。另外,本书从最初选题到最后成型,都深深凝聚了导师宋丹先生的大量心血和丰稔智慧,再次向老师表示由衷的谢意!

高树仁于大连

2023 年 9 月

目　录

第一章

导　论

>>>>

在追求和谐平等的社会过程中,高等教育公平成为社会公正的基础和国家核心价值的优先选择,它根植于高等教育改革和发展实践中,是高等教育发展方式转型与内涵发展的价值指向和内在要求。提升高等教育公平,尤其是教育机会的公平,是当下我国高等教育改革的主要诉求。处在变革和转型中的我国高等教育,其公平问题本身就是错综复杂、多元多样的,教育权益的失衡是我国高等教育公平问题之症结,需要在改革实践中通过制度安排和政策调整以不断实现高等教育权益的均衡,将高等教育的公平理性"公共化"。

第一节　问题提出：
高等教育公平的制度伦理建构

变革时代的中国,产生了诸多独特的教育公平问题,比如关于"异地高考"公共政策议题的争论、分省定额导致教育机会差距悬殊、重点大学中农村籍学生比例下滑等。这些问题已成为社会广泛关注的重要议题,其讨论规模之大、范围之广,是高等教育研究史上的空前现象。因此,关于高等教育公平的命题不是凭空而降的,而是有着深刻的时代背景和广泛的实践诉求。从这个意义而言,教育公平是转型时期中国高等教育最为期许的价值追求之一,加强高等教育公平的制度建设,构建完善的教育公平机制,已成为高等教育领域实现教育公平的重要前提和必然条件。

"以问题为导向"已成为我们教育科学研究领域的常用语。教育公平的实现是一个伴随着高等教育发展不断向前推进的过程。2010年以来的"两会"提案中,频繁出现关于异地高考问题、自主招生过程中的权力寻租、特殊类型招生中的权力腐败、招生与监督机制相对缺失、弱势群体教育权益缺乏保障等议题,新闻媒体的深度关注、专家建言的热点聚焦、公众舆论的广泛扩散以及家长的热切呼吁,来自多种反馈渠道的不同声音引起了政府和社会对此问题的关注。中央政府提出的重要论断,如"教育公平是社会公平的基石""教育公平是最重要的社会公平"等,从宏观层面着手推动高等教育公平的顶层建构。国家颁布了《关于深化考试招生制度改革的实施意见》,新一轮高考改革在招生制度方面更加关注教育公平,实行了针对贫困地区的定向招生专项计划,同时在部分高校实施农村学生单独招生,这些重要措施对于高等教育公平具有重要意义。

教育公平的实现离不开教育制度的规范作用、引导作用与有效保障,高等教育公平关涉教育权利、教育机会、教育资源的合理分配,其实质是教育制度优化问题。好的制度必然是内生的、正义的、具有优越性的制度,它应该能有效保障公民权利、促进教育运行的良性秩序、提升教育公平的程度和水平。在教育制度建构过程中能否重视"正义"的价值、依据"公平"的原则、处理好"公正"的分配标准,是能否解决教育公平问题的实质。高等教育的公平必然要与特定的制度框架相结合,同时要具体化为特定的政策或执行机制。我们需要通过科学的制度安排,保障基本教育资源供给,同时积极拓展优质教育资源,解决目前广受社会关注的教育机会公平问题,不断为我国高等教育发展注入新的活力。

一、高等教育公平的制度伦理建构的提出背景

党的十九大对新时期我国社会的主要矛盾做了明确概括,即人民日益增长的美好生活需要和不平衡不充分发展之间的矛盾。在教育领域中,人民群众接受更好教育的需要与教育发展不充分、不均衡的矛盾是新时期社会主要矛盾的一个向度。因此,教育发展应致力于"办人民满意的教育",满足人民需求、促进教育公平。尤其是高等教育公平,已成为社会合理流动的重要手段和主要载体,它既关系到高等教育与社会的关系,也关系到高等教育与人的发展的关系。从这个意义上说,高等教育仿佛是社会公平的调节器,只有人人享有公平的教育机会,社会才有向前发展的原动力。高等教育公平作为促进社会公平以及对人们发展与进步权利的尊重与保障的重要途径,在构建和谐社会中具有不可替代的基础性推动作用。因此,在此现实背景下,对高等教育公平问题进行深入的研究具有重要的现实意义。

1999 年,党中央、国务院做出了大学扩招的重要决策,经过二十余年的高速发展,我国高等教育已取得重大进步。2002 年,我国高等教育毛入学率达到 15%,表明我国高等教育由精英教育迈入大众化阶段;2016 年,我国高等教育毛入学率已达 42.7%;2019 年我国高等教育毛入学率突破 50%,[①]这也意味着我国即将进入高等教育普及化阶段。在新的发展阶段,我国高等教育在规模方面发展成绩斐然,但高等教育基本格局未变,东部沿海、中部地区、西部地区高等教育仍呈现阶梯式结构,在高水平大学集聚程度、高等教育办学水平、教育政策支持等方面仍存在较大的地区差距,结构失衡限制了高等教育功能的发挥,教育公平程度与社会对高等教育的要求还有较大差距。我国高等教育机会分配方面也存在较大问题,表现在高等教育发展不平衡、优质高等教育的覆盖面较窄、多元化高

---

① 别敦荣.普及化高等教育的基本逻辑[J].中国高教研究,2016(3):31-42.

等教育机会供给相对不足、高等教育权益的弱势群体在一定范围内存在、高等教育供给侧调节不到位等问题。这是我国高等教育发展不平衡不充分的表现,也是引发我国高等教育公平问题的重要原因。

在追求和谐平等社会的过程中,高等教育公平成为社会公正的基础和国家核心价值的优先选择,它根植于高等教育改革和发展实践中,是高等教育发展方式转型与内涵发展的价值指向和内在要求。处在变革和转型中的我国高等教育,其公平问题本身就是错综复杂、多元多样的,权益失衡是我国高等教育公平问题之症结,需要在改革实践中通过制度安排和政策调整以不断实现高等教育权益的均衡,将高等教育的公平理性"公共化"。随着我国高等教育发展阶段转变和发展重点的转移,公平问题已经成为高等教育亟待解决的重要问题,公众对高等教育公平的敏感性在持续上升,这表明我国社会开始进入一个关注高等教育公平的时代。从实践来看,高等教育规模的持续高速增长,不能自动解决好教育公平问题,高等教育的公平必然要与特定的政策框架相结合,同时要具体化为特定的制度或执行机制。如何发挥教育制度在促进高等教育公平方面的功能,必然成为我国教育管理体制、政策设计面对的主要问题。制度最神圣的使命在于对全社会的价值做最合理的分配,教育是政府能给予人民的最大福利,教育公平已成为一种共同价值,成为社会公平不可或缺的底色。高等教育在个人发展中的作用受到广泛重视,长期以来,成为人们孜孜以求的社会理想与教育目标。人们追求的是一种高等教育公平的理想状态,而这种理想状态的实现最终要通过具体的社会实践和一定的社会条件来达成。以公民享有平等的权利、公平的教育机会为目标的高等教育公平既是中国特色现代高等教育的价值追求,也是和谐社会高等教育的基本品质。

二、高等教育公平的制度伦理建构的研究价值

教育公平是社会公平的重要基础,只有人人享有公平的教育机会,社

会才有向前发展的原动力。同样,高等教育的发展也应该蕴含权利平等、机会公平的内在价值,使之成为社会公平的调节器。然而,在社会不断分化、公平重要性日益凸显的今天,也出现了对于教育权益保障、教育机会均等、资源配置公平等问题的忧虑。从这一意义出发,高等教育公平既是一个重要的理论问题,也是重要的实践问题,既涉及高等教育的宏观方面,也涵盖了高等教育的微观方面;既关系到高等教育与社会的关系,也关系到高等教育与人的发展的关系。加强高等教育公平研究,主动应对人民群众对教育的多样化需求与高等教育发展不平衡、不充分的矛盾与挑战,对于增强高等教育内涵发展动力、优化高等教育供给结构、提供人民满意教育等方面具有重要的现实意义,具体来说:

第一,以制度伦理视角研究高等教育公平问题,有助于拓展高等教育公平研究的理论基础,完善高等教育公平研究的方法体系。在我国,高等教育公平方面的研究虽早已有之,但既有研究成果还存在着一定的局限性,主要表现在:研究理论单薄、研究视角狭窄、研究方法手段相对滞后等。从制度伦理的视角寻求高等教育公平研究的新路径,在高等教育公平研究中引入制度伦理的分析范式,通过对制度伦理价值维度的解析以及制度伦理功能维度的建构,提出高等教育公平的制度规范体系和制度实现方式,凸显制度伦理在高等教育公平制度安排和政策调整过程中的引领作用,这不仅有助于丰富高等教育公平研究的内容,更有利于研究视角的拓展和研究方法的完善。

第二,以制度伦理视角研究高等教育公平问题,有助于透视我国高等教育在发展理念、伦理价值、体制机制、政策手段和制度环境等方面存在的问题,以此作为对社会期待的有效回应。我国当前正处于社会转型期及高等教育的转型之际,人们对于高等教育的价值取向和利益诉求呈现多元化的趋势,并存在多种期盼和多方面的要求。高等教育公平是重要的民生问题,教育机会的公平关系到不同社会群体的切身利益。加强教育改革的顶层设计与制度的系统性建构,在优化制度设计与完善制度伦理的过程中,不断推进高等教育公平的改革和实践进程,是实现我国高等教育公平的长远之计和治本之策。本书力求厘清高等教育公平存在的制度根基,建立起一套内有价值基础、外有制度保障和组织操作的规范体系和制度路径,使之能够支撑起我国高等教育公平发展的治理过程。

第三,以制度伦理视角研究高等教育公平问题,将进一步拓展制度伦理在高等教育领域的研究与应用,以有效地规避高等教育制度建设中各种失范现象,实现高等教育发展与人的发展的双向互动作用。当前,制度伦理的研究领域十分广泛,不仅涉及社会生活中的普遍性和基础性的制度建构问题,还注重运用制度伦理所提供的原理、价值解决行政伦理、经济伦理、生态伦理、科技伦理等不同领域的具体问题。教育领域对制度伦理问题的研究也越来越多,但系统研究、应用研究和实践研究方面的成果甚少。从制度伦理的视角将高等教育公平问题置于系统的制度建构过程中加以审视,对高等教育公平制度的伦理维度、价值结构和实践路径进行系统研究,牢固确立公平公正的理念并以此作为高等教育制度建设的核心价值,积极寻求在高等教育公平理论和现实问题上的突破,这不仅是我国高等教育改革的重要目标和基本出发点,也是教育制度伦理研究的一次有益尝试。

第二节　概念解读:高等教育公平的研究特质

思考问题的前提和基础是对基本概念清晰而准确的洞察,这不仅决定了分析问题的立场和逻辑起点,甚至能够决定研究本身可能达到的高度与深度。当前,高等教育公平已成为被社会公众广泛认可与支持的一种教育价值。然而,在既有的学术研究、政策文本以及公众言说中,并未给高等教育公平下一个内涵明确、边界清晰的定义,由于言说者立场不一,我们关于"高等教育公平"的讨论缺乏具有广泛认同的逻辑起点。充分认识高等教育公平的内涵,是我们研判高等教育公平程度、推进高等教育公平实践的一个认识前提。"高等教育公平"是一个多维多层次的复合概念,需要准确理解和把握各"单元要素"及其内在逻辑,以阐明其概念含义并达成共识性沟通。

一、公平与教育公平

公平是人类社会具有永恒意义的基本理念和价值追求,是社会秩序赖以维系和社会稳定发展的基础性规范,是整个社会制度体系的伦理价值,因此,公平成为社会学、经济学、伦理学、法学等学科领域的一个重要研究主题。公平是指向所有社会成员的一种价值规范,其核心内容旨在追求"权利、机会和资源"的一种"合理分配方式",是对人的生存方式、利益关系、社会关系等是否具有合理性的追问。因此,公平往往被用于衡量现代社会对于人的基本权利的尊重、基本需要的满足以及保障共同发展方面所能达到的高度和水平。

在语义的解读方面,不同的学者基于不同的学科背景和研究视角对公平概念予以界定,如罗尔斯直接把公平等同于正义,明确指出"公平即正义"的观点;哈耶克从个人"得其所得"的角度来定位"公平",正如他所言"每个人都应当得到他所应当获得的东西……这也许是一般人的心智所能设想出的公平理想最为清晰且最有力的形式";[1]石中英将"公平"理解为一种价值范畴,提出公平是"从基于特定价值标准出发反映人们主观上对'应得'与'实得'是否相符的评价及体验";[2]常泓等强调公平是面向整个社会的,意旨"对经济社会关系内在要求的合理化与正当化的反映";[3]孙来斌关注公平的过程性和程序性特征,认为公平就是指"处理事

---

① 弗里德利希·冯·哈耶克. 法律、立法与自由[M]. 邓正来,张守东,李静冰,译. 北京:中国大百科全书出版社,2000:118.

② 石中英. 教育机会均等的内涵及其政策意义[J]. 北京大学教育评论,2007(04):75-82+185-186.

③ 常泓,侯赞华. 公平施政:内涵、结构及其功能[J]. 学术论坛,2016(02):33-36.

情合乎情理,不偏袒,无偏私"。[①] 由此可见,公平往往与"平等性""公正性""合理性"等诸多语义交织在一起。

如果要给"公平"下定义,应至少包括三个方面,即平等性(Equity)、合理性(Rationality)和正义性(Justice)。平等性标准是指保证成员之间参与权利的平等,要求社会成员的基本权利切实地得到平等的保障,所有个体都应该有均等的参与和发展的可能性,这是公平的基础和底线;合理性标准是指规则的普适性、程序的规范性、过程的透明性,要求对社会资源进行分配要体现公正性,实现"得所当得"以及"所得即应得",这是公平的现实性要求;正义性标准是指符合社会发展的包容性、普惠性目标,发展成果应惠及更多成员,实现促进社会的善与和谐之目的,这是公平的保障性要求。三个维度各有侧重又有机统一,共同构成了公平的整体内涵。不同社会、不同国家、不同历史时期,社会所认可的公平标准也不尽一致。

教育公平是公平理念在教育领域的一种价值关照与逻辑延展。教育公平是一个较为复杂的历史范畴,是教育发展过程中始终绕不开的一个现实问题,也是历代学者持续关注的永恒问题。马克思作为公平的主要倡导者,提出教育公平是一种没有任何差别的平等,具体包括"教育起点、教育机会、教育过程和教育结果的平等"。[②] 瑞典教育家托尔斯顿·胡森认为,教育公平是"每个人不受任何歧视地开始其学习生涯的机会,以及此过程中的平等对待和学业成就的机会平等三个方面"。[③] 美国学者罗尔斯的"正义学说"将社会主义的实质平等观念的元素纳入了公平理论,对教育机会的公平具有重要指导意义。他基于现实的社会不平等状况提出了两条公平原则,即自由平等原则和差别平等原则,并认为社会的基本权利和机会都应该平等地分配,并对弱势群体的基本权利予以切实保障。

---

① 孙来斌.马克思公平观有何理论特质[J].人民论坛,2017(26):106-107.
② 许庆豫.教育发展论:理论评介与个案分析[M].福州:福建教育出版社,2001:187.
③ (瑞典)托尔斯顿·胡森.平等——学校和社会支持的目标[C].张人杰.国外教育社会学基本文选.上海:华东师范大学出版社,2009:160.

教育公平就其本质而言,是对教育利益分配的理想状态的目标性表述。教育领域中的利益关系表现为受教育权利、受教育机会、公共教育资源的分配以及学业成就、教育资格认定和就业前景的机会等。这种利益分配体现为三个阶段性实现过程:(1)在教育权利和教育机会分配方面,实现教育的起点公平;(2)在公共教育资源分配方面,实现教育的过程公平;(3)在学业成就(成绩)和教育资格认定方面,实现教育的结果公平。而受教育者凭借在教育中所获得的身心发展水平和资格认定,可以在社会生活中获得其他的社会地位、物质、精神等利益,从这个意义来讲,教育公平是社会公平的基石,对于促进社会流动、防止阶层固化、实现和谐社会的目标具有积极的促进作用。

教育公平具有多样化、复合性的表现形态。教育是一个多层次的综合系统,基于各阶段教育的社会需求、机会供给的差异性,导致不同层次、阶段的教育公平具有不同特征。[①] 教育公平所保障的权利平等包含两个层次,基础教育阶段的教育公平,涉及人们生存与发展的“基本权利”,应该完全平等;高层次教育阶段的教育公平,涉及人们生存和发展的比较高级的权利,属于人的非基本权利,应该比例平等,[②]需要按照某种能力标准进行公平分配。

教育公平是一种抽象的价值判断,其抽象性主要体现在教育公平的价值标准是多元性的。一是平等性价值,能够保障公民享有同等的教育权利,平等地享有通过教育获得发展的可能性;二是公正性价值,即从纯粹的程序正义的角度保障教育机会、教育资源分配的公平性与合理性,反对和遏制破坏教育权利平等和教育机会均等的教育特权;[③]三是补偿性价值,即在原始状态不平等的基础之上,给予教育弱势群体以教育利益分配

---

① 胡洪彬.我国教育公平研究的回顾与展望——基于 2002—2012 年 CNKI 期刊数据的分析[J].教育研究,2014,35(1):54-59.

② 郭元祥.对教育公平问题的理论思考[J].教育研究,2000(3):21-24+47.

③ 石中英.教育公平的主要内涵与社会意义[J].中国教育学刊,2008(3):1-6+27.

方面的补偿,使教育弱势群体普遍得到由教育所带来的收益,[①]缩小不同群体之间教育机会的差距。总之,这些多元价值也将作为教育利益的合理性分配的原则与规范,客观上决定了教育公平实现过程的复杂性。

二、高等教育公平的内涵及特质

教育公平在不同教育类别中内涵不一。本书所涉及的教育公平,主要限定在高等教育领域。高等教育作为一个具有竞争性和选拔性的特定教育阶段,绝对的公平是不存在的,[②]其公平性表现为一个具有许多复杂规定和关系的丰富总体,它是对人类群体分配高等教育资源时达到的一种相互制衡的公平理性,是一个具有相对性的价值判断。这些都决定了高等教育公平的理论构想的复杂性。党的十八大报告提出,加紧建设对保障社会公平正义具有重大作用的制度,逐步建立以权利公平、机会公平、规则公平为主要内容的社会公平保障体系。"三个公平"从制度设计的角度传递出公平构想的新希望。笔者认为,高等教育也可以从"权利公平、机会公平、规则公平"基础上构建起公平理想的标准和框架,具体特征包括:

1. 权利公平

高等教育公平从社会平等、自由与人权的价值中产生,同时,它也内在地要求并首先体现在人们的教育权利上。这是高等教育公平的逻辑和实践的起点。现代高等教育是人类教育发展的崭新阶段,与过去相比,其进步性在于使高等教育超脱了与生俱来的"贵族气质",扩展了受教育对象的阶层范围,使社会成员能够在平等的起点上融入社会。在这种情况下,权利"无添加"、起点要平等,就成为现代高等教育公平的内在要求。早在 1948 年 12 月 10 日联合国大会通过的《世界人权宣言》就指出:"人

---

① 田正平,李江源. 教育公平新论[J]. 清华大学教育研究,2002(1):39-48.
② 霍翠芳. 教育公平作为国家基本教育政策的意义解读——制度正义的视角[J]. 现代教育管理,2011(3):48-50.

人皆享有受教育的权利,教育的目的在于充分发展人的个性并加强对人权和基本自由的尊重,且高等教育应根据学业成就与能力对所有人平等开放。"高等教育基本权利不能因为出身、职业、财富等附加条件不同而被区别对待,即不论任何种族、民族、阶层、地区等的适龄人口都享有平等的高等教育权利。

2. 机会公平

机会公平是高等教育公平的首要标志。现代社会处于人与人之间平等化的过程之中,[①]高等教育公平要为每个人提供平等的参与机会,使他们获得平等的发展潜力、施展才干的可能。由于高等教育在当前社会中发挥着社会筛选的功能,是促进社会阶层流动的有效工具。高等教育机会平等的重点,在于在保障教育权利平等的基础上,通过一种竞争和选拔制度,实现高等教育的筛选功能,以及对有限教育机会的理性分配。高等教育强调以能力为标准分配教育机会,通过筛选和分流等形式与社会分层结合在一起,为代际流动提供可能,从而优化社会阶层结构、促进社会和谐稳定。当前,教育机会已成为高等教育领域的重要议题,入学机会作为一个多维的概念,不仅具有数量和质量的特征,还表现为民族、性别、阶层、地域等的结构性特征。入学机会的均衡问题已成为当前学生、家长、社会等持续关注的热点话题,媒体和公共问责的重点也指向了高等教育入学机会等方面。政府应通过顶层设计和制度建设,努力寻求兼顾各方利益的平衡点,打破资源不平衡对教育机会公平的现实约束,使更多的人平等地接受高等教育。

3. 规则公平

规则公平是高等教育公平的深层意蕴。高等教育公平是规则公平与程序公平的有机统一。当前的高等教育公平作为一种稀缺资源的分配问题,是建立在不同群体和个体之间利益相互交织并存基础之上的,有利益

---

① 胡志刚.论中国高等教育的再精英化浪潮[J].黑龙江高教研究,2014(9):11-12.

冲突就需要制度的调适、程序的规范和权利的救济。这本身也蕴含着高等教育体制的完善和高等教育过程改良的要求。高等教育公平的许多问题是在正确价值观统领下采用纯粹的程序公正来强化和完善高等教育选择功能,努力清除影响高等教育公平的各种现实约束和障碍,实现处于不同地域、不同阶层的考生获得同样的高等教育的机会,排除教育选择过程中的权力干预。[①] 毫无疑问,高等教育公平是在公开公正的规则下个体维护和争取高等教育权利、获得高等教育机会的过程。同时,提高高等教育质量,关注弱势群体以及建立有效的补偿机制,体现着对规则公平的一种实质性追求,这已成为当前高等教育公平问题中程序正义的一个重要视角。

总之,建立在"权利公平、机会公平、规则公平"基础之上的高等教育公平理想的标准和框架,不仅是理论层面的构想,还是一种实践指向的战略思考。它要求我们更新发展思路,创新制度安排,设计科学的发展路径,以更好地化解高等教育的现实困境及诸多约束条件。

三、机会公平是高等教育公平的核心诉求

高等教育公平内涵广泛,具有特殊的本质属性,涵盖范围涉及教育权利、教育机会、教育制度等方面。从教育公平所包含的起点公平、机会公平、过程公平和结果公平四个维度来看,由于我国基础教育阶段的均衡发展还未实现,高等教育的起点公平更无从谈起,也自然无法成为高等教育的本质性特征。普遍而言,机会公平是高等教育公平的首要准则。高等教育机会公平是一个极为复杂的问题,重点在于高等教育系统根据什么样的标准对每一个学生的能力进行鉴别和分层。通过公平、公正的制度安排和政策调适来保障各地区、各阶层、各民族和性别之间的平等受教育

---

① 戴海东,易招娣.和谐社会视域下的阶层流动与高等教育公平[J].教育研究,2012(8):67-70.

权[①],调整和克服高等教育机会分配中存在的不平等现象。机会均等是一种可能性平等,反对教育特权、歧视与排斥而非教育差别,这也是对高等教育阶段性特点的呼应。因此,高等教育公平的重要内容之一就是化解教育机会的矛盾和不平衡问题。教育机会公平与否,是考量和提升高等教育公平的重要场域,很大程度上反映了高等教育公平的发展水平和治理效果。因此,充分认识高等教育机会公平问题,是设计高等教育制度、推进教育公平的实践以及研判教育公平实现程度的一个前提。

关于机会的概念,《辞海》有以下两种解释:其一是指时遇、时机,如"动皆中于机会,以取胜于当世"(韩愈《与鄂州柳中丞书》)以及"诸将能办此,机会无时无"(陆游《感兴》);其二是指事物的关键,如"汉中则益州咽喉,存亡之机会,若无汉中则无蜀矣"。"教育机会"中"机会"的含义应主要采纳第一种定义,具体而言,机会指的是人们能够实现目标、获得利益、改善境遇、获得发展的外部条件。从社会学的角度看,机会为个体提供了生存和发展的可能性,为每一个社会成员带来一种生存和发展的资源,同时,机会的获得是个体主观条件同这种客观可能性的耦合。依据机会的开放程度等属性,可将"机会"加以分类:一类属于开放的机会,这种机会是在开放的市场上通过自由竞争获得的,任何人都可以凭借自己的努力和能力水平获得;另一类属于封闭的机会,这种机会通常受政府供给的影响并进一步划分为两种机会类型,限制机会即政府干预的机会,如政府通过户籍制度限定本地人才能参与的行业领域,专用机会即政府为特定群体配置的机会,如为弱势群体提供的保障性机会等(图1-1)。[②] 理解机会供给的两种方式对于厘清教育机会公平的基本概念和精神旨趣具有重要意义。

---

① 劳凯声.教育机会平等:实践反思与价值追求[J].北京师范大学学报:社会科学版,2022(2):5-15.

② 罗绒战堆,次仁央宗,达瓦次仁.机会的供给与把握——构建和谐西藏的一个重要因素及相关经济学分析[J].中国藏学,2008(1):151-155.

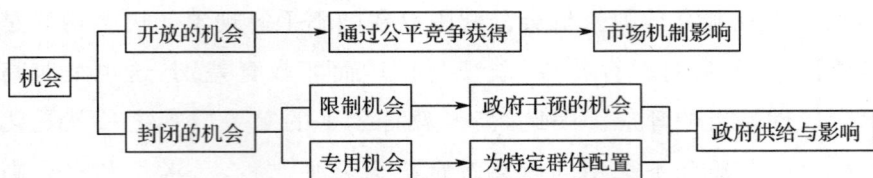

图 1-1　机会定义图示

Fig 1-1　Diagram of Opportunity Definition

教育机会是指社会成员进入教育体系并参与教育活动的可能性,它为每一个受教育者提供了通过教育获得发展的资源。由于教育权利分为基本教育权利和非基本教育权利,教育机会的分配方式也必然存在差别。义务教育阶段属于人的基本教育权利,无须竞争而应为人人完全平等地享有;高等教育等非义务教育阶段是人的非基本教育权利或者说是更高层次的发展权利,这种教育机会需要在开放的环境中通过竞争的方式依据个人的能力和才能实现合理配置。这是由教育规律、不同阶段教育性质以及个人不同的发展需要所决定的。

另外,从实践来看,政府所提供的教育机会也存在开放机会与封闭机会、限制机会与专用机会的类别差异。就近入学制度将义务教育机会作为一种限制机会,按学区进行配置;高考选拔制度将高等教育机会作为准开放性机会,通过竞争的方式按照分数和能力择优录取;高校招生的某些定向计划将大学教育机会作为一种专用机会,为农村地区、中西部地区、少数民族地区等弱势教育群体实施补偿性配置。可以说,教育机会的类型和分配方式决定了群体之间、个人之间的教育利益关系,是教育机会公平的重要影响因素。

首先,高等教育机会公平本质上是对教育利益关系的一种合理性分配。从社会学的角度看,机会是指客观环境为个体提供的生存和发展的可能性,是个体主观条件同这种客观可能性的耦合。机会为每一个社会成员带来一种生存和发展的资源。既然如此,机会平等就应该成为社会向其成员分配作为一种资源的机会时予以确立的价值目标和实施标准①。教育机会公平的核心是接受某种教育的可能性和权利。高等教育作为个人发展和整体社会发展的交叉连接点,个人未来的职业、收入及社会地位都与高等教育这种鉴别和选择功能密切相关,因此,高等教育机会必然涉及根据一定的智力、能力、兴趣、特长等社会标准对学生进行筛选的过程。正如伯顿·克拉克所言,高等教育是"控制高深知识和方法的社会机构",②既然高等教育是以高深知识为主要内容进行的专业教育活动,那么,是否具有接受高深学问的能力必然成为高等教育机会分配的重要前提、根本标准和能力要求。因此,所谓的"高等教育机会公平",主要是探讨高等教育入学机会如何在"具有接受高深学问能力的人群"中实现公平分配的问题。③ 高等教育机会公平的意义在于确立了一种自致性的努力方向,主张为每个达到高等教育入学标准的社会个体提供接受教育的通道,保障他们不被性别、种族、阶层、家庭、户籍等客观因素所限制。

其次,高等教育机会公平是整个高等教育公平的逻辑基点。机会公平是所有公平的起点,没有机会公平的保障,后续的过程公平和结果公平就是画饼充饥。机会公平是高等教育公平存在的显著特征和合法性依据,特别是当前阶段,入学公平成为教育公平的基准点,也是社会反映最强烈的教育问题。人们通常把机会公平理解为教育公平的下位概念,然而在推动高等教育公平上,不仅需要对机会公平进行深入思考,而且需要用机会公平的方式推进高等教育公平的整体发展策略。从一定意义上说,高等教育公平就是要在教育领域不断建立和完善各种能够拓展高等教育机会的体系结构,进一步探索教育机会的有效供给形式,并相应地完善教育机会的宏观调控和补偿机制,确保高等教育机会获得的正义性和

---

① 劳凯声.教育机会平等:实践反思与价值追求[J].北京师范大学学报:社会科学版,2011(2):5-15.

② 伯顿·克拉克.高等教育系统——学术组织的跨国研究[M].王承绪,徐辉,殷企平,等,译.杭州:浙江大学出版社,1994:11.

③ 黄照旭,郑晓齐.高等教育入学机会公平问题中的公平标准探讨[J].江苏高教,2008(03):35-36.

分配的公平性。因此,机会公平应成为高等教育公平研究的重点。

最后,高等教育的机会公平具有复杂的社会根源,通过教育系统外部公平与内部公平的统整而体现出来。教育公平与社会公平属于两个不同的范畴,但又注定相互缠绕与印证,两者总有着剪不开、扯不断的联系。一方面,高等教育公平是社会公平的基础,它使人们通过教育提升自身素质和能力,从而促进社会纵向流动;另一方面,高等教育公平离不开社会公平的支撑和保障,因为教育公平本身是社会公平在教育领域的体现,而当今中国实现高等教育的公平,也离不开城乡差距、区域差距、阶层差距等的缩小以及机会、资源的再分配过程中对原有利益格局的触动,这些都离不开社会公平的背景和环境,而非教育界一家的责任。高等教育机会公平受制于制度设计的理性逻辑,关键在于通过社会的系统建构和教育制度体系的调整,达到教育资源和教育机会更加合理配置的目标。从现实情况来看,高等教育领域仍缺乏完善的机制,无法抑制社会发展不平衡对高等教育机会公平的损害,这种社会不平等的制度化会导致部分群体错失个人发展和成长的机会。从这个意义来讲,高等教育公平既有保障机会均等、公平竞争、优胜劣汰的客观性要求,又具有基于家庭背景、成长经历异质化中"弱势群体"教育权益保障的价值意蕴。

第三节　理论基础:高等教育公平的研究综述

高等教育公平已逐渐成为高等教育改革和发展的主流话语。在已有相关研究中,有大量的文献围绕社会阶层差异、教育机会的区域差异等影响因素展开研究,也有相当数量的学者基于不同的契合点分析讨论了高等教育公平对于社会变迁、阶层流动的影响,可见,高等教育公平已经成为一个热点问题,引起学术界和社会的广泛关注。

一、国外关于高等教育公平的研究

公平是现代高等教育需要遵循的重要价值,也是世界各国教育政策追求的一个主要目标。因此,教育公平问题已成为各国高等教育领域研究的焦点。

西方社会学家对高等教育公平问题的研究中,最具影响的研究文献始于科尔曼报告和布迪厄的理论。《科尔曼报告》分析了美国不同种族学生的教育机会差异,发现家庭社会地位、经济状况等因素对子女教育机会有显著影响。布迪厄提出了文化再生产理论,阐释了不同的社会阶层如何通过差异化的文化资本传递机制实现教育再生产的过程。根据布迪厄理论,在教育场域中文化资本与原生家庭关联密切,优势阶层子女自然地受到家庭氛围和文化资源的影响,表现出与学校所主导文化一致的语言能力、文化倾向、价值观念、思维方式等,而劣势阶层子女在家庭教育中难以累积文化资本优势。这样,来自不同阶层和家庭背景的学生实际上是在继承家庭所赋予的文化资本的基础上进入学校教育的场域中,使他们在学校表现、学业成绩、教育机会等方面呈现出群体差异。《科尔曼报告》和文化再生产理论在国际社会和学术界引起了较大的反响和争议,后续的学者对此问题进行了大量相关研究,如洛里斯等分析了家庭背景与高等教育路径选择之间的关系,指出家庭资源在引导学生走向不同的道路上起着举足轻重的作用,较高社会阶层的子女倾向于选择高学术型教育,较低社会阶层的子女倾向于选择职业轨道的高等教育类型;[①]克劳迪娅·皮吉尼通过建构高等教育选择理论模型,揭示了降低教育消费支出对于提升经济困难学生高等教育参与度的贡献,进而分析了家庭经济条件、教

---

① Loris Vergolini,Eleonora Vlach. Family background and educational path of Italian graduates[J]. Higher Education,2017. 73(2):245-259.

育成本与高等教育选择的关系;①哈夫曼等学者建构了代际传递模型,以说明父母教育程度、社会阶层、家庭收入是如何实现代际传递的,研究揭示了父母教育程度和家庭收入对子女的能力发展、学业成就产生直接或间接的影响,也影响到子女的大学入学机会;②约翰·杰瑞姆等发现澳大利亚、加拿大、英国和美国的父母教育程度、家庭收入和子女高等教育入学率之间存在紧密关联,而高中的学业成绩是链接父母教育程度、家庭收入和子女大学入学机会的关键;③佐藤孝弘指出,日本的教育不公平主要是由于经济不平等导致的实际的不平等,昂贵的大学学费以及新增的教育费用是主要诱因,贫富差距较大的社会状态下必然影响不同社会阶层的升学选择。④

　　随着高等教育大众化时代的到来,高等教育规模扩张与教育公平问题成为国外教育分层研究的中心议题。随后的大量研究聚焦于教育扩张与教育机会的不平等问题并形成了"最大限度地维持不平等"(简称MMI)和"不平等有效维持"(简称 EMI)两个具有代表性的理论假设。"最大限度地维持不平等"假设由雷夫特里和霍特提出,这一假设认为,高等教育扩招无法有效降低教育机会分配的阶层差异,优势阶层总会寻找各种方式使其子代的高等教育机会最大化,只有当优势阶层的教育机会和教育需求达到一定程度的饱和时,这种阶层间教育获得差异才可能会下降。⑤ 这一假设获得了夏维特、布劳费尔德等学者对多国教育扩张数据

---

① Claudia Pigini,Stefano Staffolani. Beyond participation:do the cost and quality of higher education shape the enrollment composition? The case of Italy[J]. Higher Education,2016.71(1):119-142.

② Robert Haveman,Barbara Wolfe. The determinants of children's attainments:A Review of methods and findings[J]. Journal of Economic Literature,1995.33(4):1829-1878.

③ John Jerrim, Anna Vignoles. University access for disadvantaged children:a comparison across countries[J] Higher Education,2015.70(6):903-921.

④ (日)佐藤孝弘. 日本教育不公平问题分析[J]. 教育与经济,2010(2):64-68.

⑤ Adrian Raftery,Michael Hout. Maximally maintained inequality:Expansion,reform,and opportunity in Irish Education 1921-1975[J]. Sociology of Education,1993,66(6):77-83.

分析结论的支持。[①]"不平等有效维持"假设由卢卡斯提出,该假设认为,优势阶层无论怎样也会设法为子代在高等教育机会获得上争取持续的优势地位,在优势阶层高等教育需求达到饱和的状态下,非优势阶层的教育机会可能会有所提升,但这种分配的差异还将以质量不平等的方式得以维持。[②] 该结论得到了阿亚隆和沙维特实证研究结论的支持。[③] 这些理论假说对于高等教育扩招过程中的教育机会不平等现象进行了状态描述及合理性解释,在一定范围内具有一定的适用性,也为我国学者进行相关研究提供了理论假设和研究基础。

从教育全过程的视角来看,教育选择是高等教育机会不平等的重要原因。国外学者提出了"理性行动"理论、"个人教育决策的理性选择"理论以及"选择性衰变假设"理论,用以解释社会阶层、家庭背景等因素对于高等教育机会不平等的影响。"理性行动"理论由布林和戈德索普提出,该理论认为,教育机会选择是理性计算的结果,利益最大化是学生教育选择的依据,社会阶层、家庭背景以及自身条件影响着学生的教育选择,来自优势社会阶层家庭的学生倾向于积极乐观的高等教育选择。[④]"个人教育决策的理性选择"理论由埃里克森等学者提出,该理论认为,教育机会选择取决于高等教育的回报率、未接受高等教育可能导致的身份地位落差量、高等教育成本和学校筛选作用大小,这四个因素因社会阶层、高等教育发展阶段和社会环境的不同而存在差异,最终影响教育选择的差

① Shavit, Yossi, Blossfeld, Hans-Peter. Persistent inequality: Changing educational attainment in thirteen countries. Social inequality series[J]. British Journal of Educational Studies,1993,42(4):408.

② Samuel R. Lucas. Effectively Maintained Inequality: Education Transitions, Track Mobility, and Social Background Effects[J]. American Journal of Sociology,2001,106(6):1642-1690.

③ Ayalon H,Shavit Y. Educational Reforms and Inequalities in Israel:The MMI Hypothesis Revisited[J]. Sociology of Education,2004,77(2):103-120.

④ Breen R,Goldthorpe J H. Explaining Educational Differentials:Towards a Formal Rational Action Theory[J]. Rationality & Society,1997,9(3):275-305.

异。[①]"选择性衰变假设"理论由罗伯特·梅尔提出,他基于教育历程的统计学视角发现,社会阶层和家庭背景对学生早期的升学选择影响较大,而对较高阶段的教育机会不平等的影响在降低,更多劣势家庭子女已在早期的教育阶段被分流或淘汰,因此在高等教育阶段的教育竞争中,家庭背景对升学机会的影响总体是减弱的。[②]

国外学者还通过定量研究、建立回归模型等方法分析高等教育机会公平问题。美国著名社会学家邓肯和布劳构建了"社会地位获得模型",以揭示先赋因素和自致因素在教育机会获得中的影响,此模型发现子女的受教育水平与父亲社会地位显著相关,提出教育已成为代际传递的重要机制。[③] 梅斯基和塞尔维尼等学者发现高等教育机会的扩张与教育机会不平等可能存在"倒U"形关系,并称其为"教育库兹涅茨曲线"。[④] 日本针对社会分层和社会流动进行了一项全国范围内的调查,并深入分析了父亲职业、父亲学历、子女学历、子女初职、子女现职五个变量间的关系,结果表明,父亲职业与子女学历以及子女现职有着很大相关性,社会阶层影响个人教育机会的获得。[⑤] 卡梅拉和斯密特通过对比分析不同群组在标准化考试中的差异发现,不同种族、民族、社会阶层之间存在着教育成就方面的差异,这些差异证明了不同群体获得高质量教育机会的不均等。[⑥] 拉希姆·沃德瓦通过社会调研数据的逻辑回归分析,揭示了地理位置、类别、家庭收入、学业成绩、教育流程、社会文化资本等变量与教育机

①　R. Erikson, J. O. Jonsson. Explaining class inequality in education: the swedish test case[M]. Boulder: Westview Press, 1996: 1 - 63.

②　Robert Mare. Social Background and School Continuation Decisions[J]. Publications of the American Statistical Association, 1980, 75(370): 295-305.

③　周怡, 朱静, 王平, 等. 社会分层的理论逻辑[M]. 北京: 中国人民大学出版社, 2016: 247.

④　Meschi E, Scervini F. Expansion of schooling and educational inequality in Europe: the educational Kuznets curve revisited[J]. Gini Discussion Papers, 2014, 66(3): 660-680.

⑤　文东茅. 家庭背景对我国高等教育机会及毕业生就业的影响[J]. 北京大学教育评论, 2005(03): 58-63.

⑥　Camara W J, Schmidt A E. Group Differences in Standardized Testing and Social Stratification. Report No. 99-5 [J]. College Entrance Examination Board, 1999.

会水平的相关性。① 大卫·康斯坦丁诺夫斯基构建了高等教育扩张与教育机会不平等问题的逻辑回归分析模型，指出俄罗斯高等教育扩张使各种群体参与高等教育的入学人数在增加，但"强弱"群体间教育机会差距不会减小，而且高等教育扩张还伴随着高等教育质量分化，由此导致新的教育不平等问题更加严重。② 布兰登和梅钦通过对英国高等教育扩张后不同阶层教育机会分布的研究也发现类似结论，高等教育扩张效应在贫富家庭背景下分布不均匀，大学扩招让优势社会阶层子女拥有更多接受高等教育的机会。③

二、国内关于高等教育公平的研究

关于高等教育公平问题，在中国社会一直备受瞩目。尽管中国高等教育通过高校扩招正从大众化迈向普及化并具有了实现高等教育公平的潜力，但在实践中仍存在突出的问题。学者基于不同的分析视角并运用定性研究、定量研究的方法，对高等教育公平问题进行了广泛的研究。

（1）以数据思维的研究范式，对高等教育公平的相关关系进行分析，考察高等教育不平等的现实形态。高等教育入学机会的分布状况、分化特征和发展趋势是一个实证问题，需要通过数据调查、运算处理的实证方法进行深入研究。数据思维的研究范式，主要是通过对大型综合性社会调查数据、人口普查数据进行处理分析，围绕阶层、地区、城乡和民族等影响因素展开综合性对比研究，细致地描述高等教育机会的分布状态和变迁过程。纵观已有研究，相关结论主要集中在我国高等教育机会分配过程中存在的阶层差异、区域差异、城乡差异以及质量差异四个方面。

---

① Wadhwa R. Unequal origin, unequal treatment, and unequal educational attainment：Does being first generation still a disadvantage in India？[J]. Higher Education，2017（4）：1-22.

② Konstantinovskiy D L. Expansion of higher education and consequences for social inequality（the case of Russia）[J]. Higher Education，2017：1-20.

③ Blanden J，Machin S. Educational inequality and the expansion of UK higher education[J]. Scottish Journal of Political Economy，2013，60（5）：578 - 596.

①阶层差异。在不断深化的高等教育大众化进程中，我国高等教育机会总量的扩大并未如人们所期盼的那样明显地缩小高等教育的阶层差异。郝大海利用梅尔（Mare）教育过渡模型对1949—2003年中国教育分层的经验数据分析发现，大学入学转换过程中存在着明显的教育分层现象，在大学阶段的精英选拔模式中，较高阶层具有稳定的优势。[1] 李春玲对国家统计局2005年1%人口抽样调查数据进行回归分析发现，尽管大学扩招提供了更多的教育机会，但并未能有效化解我国高等教育的阶层差距，父辈的职业地位、教育程度和收入水平对子代教育机会获得产生较大影响。[2] 蒋洪等通过对已有经验数据的实证分析发现，我国大学生在不同经济状况人群间的分布仍存在差异，高等教育公共支出的主要受益者是高收入群体，随着招生规模的扩大，低收入阶层的大学生比例呈现上升趋势。[3] 杨东平通过对高校大学生家庭背景结构的分布情况的实证研究发现，大学教育机会的社会阶层差距呈扩大趋势，表现在学校层次、专业选择、录取分数等微观层面，并与高中阶段的教育分层高度相关。[4] 文东茅以全国性高校毕业生调查数据为基础，分析了家庭背景对子女高考成绩、就读院校的影响，研究发现不同家庭背景子女接受高等教育的机会有明显差异，优势社会阶层获得高等教育机会占有较大优势。[5] 刘精明在对近年来高等教育入学机会调研数据的统计分析的基础上，提出高等教育机会在数量方面不平等的现象总体上有所缓和，但高等教育机会在质量方面呈现出分化的趋势，在高校扩招的过程中，优势社会阶层成为"地位取向明确的本科教育"的获益主体，弱势社会阶层在"生存取向明确的职

① 郝大海.中国城市教育分层研究（1949—2003）[J].中国社会科学,2007(06):94-107+206.
② 李春玲.高等教育扩张与教育机会不平等——高校扩招的平等化效应考查[J].社会学研究,2010(3):82-113.
③ 蒋洪,马国贤,赵海利.公共高等教育利益归宿的分布及成因[J].财经研究,2002(03):8-16.
④ 杨东平.高等教育入学机会:扩大之中的阶层差距[J].清华大学教育研究,2006(01):19-25.
⑤ 文东茅.家庭背景对我国高等教育机会及毕业生就业的影响[J].北京大学教育评论,2005(03):58-63.

业领域"获得了更多益处。① 总体来看,我国高等教育扩招以来,教育机会的不公平问题依然存在,社会阶层与高等教育机会获得之间一直存在明确的相关关系。

②区域差异。区域差异是衡量教育机会公平性的一个重要指标。我们对于高等教育机会区域差异的认识直接反映在高等教育资源的非均衡布局上,反映在高校招生的省际投放比例上,也反映在各省市之间高考分数线差异上。在学术领域,教育学者基于大规模的调查数据对于高等教育入学机会的地区公平问题进行了广泛研究,如钟秉林等通过对不同地区的普通高中升学率、普通高校生均教育经费支出、每十万人口中高等学校在校生数三个指标的分析,指出我国高等教育大众化对教育机会公平的促进作用仅反映在总体层面,具体到不同地区的高等教育入学机会的数量及质量上仍普遍存在差异性。② 刘精明利用泰尔指数、基尼系数和高等教育毛录取率等指标探讨了高等教育扩招期间教育机会的省际差异变化情况,指出我国高等教育入学机会省际差异呈现下降趋势,但直辖市与西部省份之间的教育机会两极分化程度仍在加剧。③ 路晓锋基于"中国家庭动态跟踪调查"数据的多层线性分类研究发现,我国高等教育入学机会存在省际差异,直辖市、东部地区教育机会明显多于西部地区,省际差距呈现了波动性发展轨迹,表现为"恢复高考以来的逐年扩大、扩招初期的明显缩小以及高等教育大众化后期的差距继续扩大"④的演变趋势。

③城乡差异。孟凡强等基于中国综合社会调查数据(CGSS 2013)对高等教育扩张能否有效缓解城乡高等教育机会不平等这一问题进行研究

① 刘精明.高等教育扩展与入学机会差异:1978～2003[J].社会,2006(03):158-179.
② 钟秉林,赵应生.我国高等教育大众化进程中教育公平的重要特征[J].北京师范大学学报:社会科学版,2007(1):5-10.
③ 刘精明.扩招时期高等教育机会的地区差异研究[J].北京大学教育评论,2007(04):142-155＋188.
④ 路晓峰,邓峰,郭建如.高等教育扩招对入学机会均等化的影响[J].北京大学教育评论,2016(3):131-143.

发现,扩招政策对提高城乡居民获取高等教育机会均有正向作用,但城市居民更容易获得高等教育的机会,扩招政策实施后城乡教育机会不平等的问题依旧严重。[①] 陈晓宇通过抽样调查数据发现,家庭所在地城乡属性对子女接受不同质量高等教育机会产生影响,大城市适龄人口占有更多的优质高等教育机会,而县镇和农村家庭的子女在这方面则处于明显的弱势地位。[②] 杨东平通过对扩招以来高校学生城乡结构的调研发现,新增农村学生更多地分布在非重点院校或地方院校,高等教育机会城乡差异与基础教育阶段社会分层之间存在正相关关系。[③] 李春玲基于社会调查数据的回归分析发现,大学扩招以来高等教育机会城乡差异呈明显上升趋势,大学本科教育中城乡教育机会不平等大于专科教育。[④] 吴晓刚基于人口普查的样本数据研究发现,农村户口学生在高中以上教育阶段的升学机会竞争中处于弱势地位,家庭因素和城乡基础教育差异对于大学入学机会的影响呈现增强趋势。[⑤] 李春凯等根据中国综合社会调查数据(CGSS 2013)分析了少数民族地区广泛存在的高等教育机会城乡失衡问题,指出少数民族内部的城乡教育机会差异远大于汉族内部,城市户籍中少数民族与汉族在高等教育入学机会方面的差异不显著,农村户籍少数民族学生高等教育机会获得最低,国家在高等教育倾斜政策方面应对焦农村贫困地区的少数民族群体进行精准地教育扶贫。[⑥]

④质量差异。高等教育机会获得的质量差异是衡量高等教育公平的深层次指标,而优质高等教育机会的有效供给问题也成为社会广泛关注

① 孟凡强,初帅,李庆海.高等教育规模扩张是否缓解了城乡教育机会不平等?[J].教育与经济,2017(4):9-16.

② 陈晓宇.谁更有机会进入好大学—我国不同质量高等教育机会分配的实证研究[J].高等教育研究,2012(2):20-29.

③ 杨东平.高等教育入学机会:扩大之中的阶层差距[J].清华大学教育研究,2006(01):19-25.

④ 李春玲.高等教育扩张与教育机会不平等——高校扩招的平等化效应考查[J].社会学研究,2010(3):82-113.

⑤ 吴晓刚,1990—2000年中国的经济转型、学校扩招和教育不平等[J].社会,2009(05):88-113.

⑥ 李春凯,吴炜.民族身份、城乡分割与高等教育不平等[J].北京社会科学,2017(09):42-49.

的重点问题,学者们着眼于重点大学学生群体特征及不同社会群体在此方面的权利失衡问题开展了系统研究。谢作栩等研究发现,重点大学学生的社会阶层、家庭背景、经济条件因素明显优于普通院校。[①] 丁小浩通过对全国城镇调查数据的实证分析结果表明,社会阶层、家庭背景与子女所接受高等教育质量的相关性不断增强,社会弱势群体在获得优质高等教育机会竞争中长期处于不利境遇。[②] 陈晓宇通过抽样调查数据发现,在家庭背景的诸多属性中,家庭收入水平不是影响优质教育机会获得的重要因素,但家庭所在地的城乡属性、父母的职业属性、家庭智力环境属性是影响优质高等教育机会获得的主要变量。[③] 王伟宜通过对部分重点大学进行调查指出,优质高等教育资源的获得存在明显的阶层差异,优势阶层在重点大学入学机会获得方面始终保持着绝对的优势,弱势阶层随着教育扩张而增加的教育机会有限,尤其是农民阶层子女获得的高等教育机会始终未达到社会平均水平的一半。[④] 张小萍等通过对102所"211高校"招生情况的分析发现,高质量大学存在招生偏向性,属地化招生导致北京、上海、天津等直辖市高质量大学录取率居全国前列,而广东、山东、河南等人口大省高质量大学录取率偏低。[⑤] 杨江华通过对高等教育入学机会区域差异的描述性分析发现,一个地区拥有的重点大学数与该地区重点大学录取机会之间存在高度相关,这表明高等教育资源分布的结构性不均衡问题是影响重点大学入学机会地区差异的重要因素。[⑥]

(2)以质化研究的分析范式,对高等教育公平的因果关系进行分析,

① 谢作栩,王伟宜.高等教育大众化视野下我国社会各阶层子女高等教育入学机会差异的研究[J].教育学报,2006(02):65-74.

② 丁小浩,梁彦.中国高等教育入学机会均等化程度的变化[J].高等教育研究,2010,31(02):1-5.

③ 陈晓宇.谁更有机会进入好大学——我国不同质量高等教育机会分配的实证研究[J].高等教育研究,2012,33(02):20-29.

④ 王伟宜,优质高等教育资源获得的阶层差异状况分析:1982—2010——基于我国7所重点大学的实证调查[J].教育研究,2013(07):61-67.

⑤ 张小萍,张良.中国高质量大学入学机会和招生偏好研究——以"211"高校为例[J].高等教育研究,2015(7):28-35.

⑥ 杨江华.我国高等教育入学机会的区域差异及其变迁[J].高等教育研究,2014(12):27-34.

考察其决定因素及实践逻辑。高等教育公平研究的目的，不只是从客观量化研究中了解现实状态，更重要的是探究超越现状和改进问题的实践基础。质化研究为教育公平研究提供了理解的研究范式和体现人文精神的研究方法体系。质化研究经常被喻为一把大伞、一棵大树，下面包含了各种研究类型，如观察研究、访谈研究、内容分析研究、实地研究、生活史研究、民族志研究、口述史研究、现象学、解释学、解构主义等。[①] 这些具体研究方法更有利于对教育公平问题进行理性归因，体现了教育研究的正义立场和人性关怀。通过对现有文献的内容梳理发现，高等教育机会不平等的归因主要有两方面：源于高等教育系统本身的问题以及源于社会公平的宏观系统性问题。

①将高等教育公平问题视为一个系统性问题，高等教育机会存在各种不平等现象就是社会不平等的体现，而社会公平的整体性改善应成为化解教育公平问题的根本性路径。高等教育发展是在社会经济和政治的外部动力以及高等教育内在逻辑的相互影响下发生的，[②]因此，高等教育机会不平等根源于整个社会的宏观性、系统性问题，其影响因素包括经济因素、人口因素、管理方式、政策环境等诸多层面。刘海峰指出，教育公平只能是与社会发展水平相适应的公平，受政治、经济和文化的制约。[③] 郝文武指出，社会公平对于教育公平的实现有重要的促进作用，要以复杂思维和系统科学来看待社会公平与教育公平相互促进的关系状态，在协调社会发展的不同利益关系基础上实现教育公平、教育公正的价值目标。[④] 孟凡强等学者认为，倘若不能打破社会的代际传承机制，高等教育机会不平等问题就无法根本解决。高等教育公平的实现需要相应的社会配套政

---

① Polkinghorne D E. Narrative and self-concept[J]. Journal of Narrative & Life History,1991,1(2-3):135-153.

② 谢维和,文雯,李乐夫. 中国高等教育大众化进程中的结构分析——1998—2004 年的实证研究[M]. 北京:教育科学出版社,2010:150-157.

③ 刘海峰. 高考改革应该坚守的价值与原则[J]. 人民教育,2017(Z2):94-96.

④ 郝文武. 教育公平与社会公平相互促进的关系状态和基本意义[J]. 北京师范大学学报:社会科学版,2011(04):13-21.

策加以辅助,使社会协调发展以突破教育系统内部代际传承的恶性循环。[①] 高耀、刘志民等学者指出,社会分层与高等教育不公平之间是一种互为因果的闭合关系,社会阶层传递机制导致高等教育不公平,而高等教育不公平的反作用导致社会阶层固化,使阶层关系被不断复制。[②] 张建新指出,社会阶层、家庭背景等因素对教育不平等状况的影响呈现愈来愈大的趋势,高等教育已成为实现代际传递的重要社会机制和手段。[③] 张鹏等学者分析了高等教育机会城乡差异形成的历史依赖性,指出城乡社会的二元结构和管理体制是影响农村籍学生高等教育获得的重要影响因素,建议通过农村的产业升级、追加经费投入以及社会主义新农村建设等缩小教育差距,利用"西部大开发"和"中部崛起"的国家战略优势带动中西部地区农村全面发展,以提高农民对参加高等教育的预期回报率。[④] 张意忠指出,社会发展阶段和现实条件约束是导致高等教育入学机会差异的重要原因,缩小高等教育机会差异不能仅从高等教育着手,需要逐步建立统一的居民社会福利分配体制、推进城乡一体化进程、缩小基础教育差异,[⑤]只有在社会整体推进和系统改革中,高等教育机会不平等问题才能根本解决。

②将高等教育公平问题视为教育系统内部的资源、结构和制度性问题,优化制度设计成为解决教育公平问题的关键和突破口。王亮、未增阳等学者分析了资源配置、经费投入对于高等教育公平的影响,指出我国高等教育经费投入、教育资源配置水平呈现区域差异,区域经济发展水平与教育经费、教育资源的供给状况存在高度相关,而高等教育投入的区域失

① 孟凡强,初帅,李庆海.高等教育规模扩张是否缓解了城乡教育机会不平等?[J].教育与经济,2017(4):9-16.

② 高耀,刘志民.机会扩展、社会分层与高等教育公平——基于高校学生调查数据的实证研究[J].教育科学,2015(01):44-54.

③ 张建新.高等教育公平的历史轨迹——云南大学近五十年不同社会阶层子女接受高等教育机会探析[J].清华大学教育研究,2008(06):79-84.

④ 张鹏,于伟.我国农村高等教育空间不均衡的演变和解释[J].教育与经济,2014(06):33-39.

⑤ 乔锦忠.高等教育入学机会的城乡差异[J].教育学报,2008(05):92-96.

衡间接影响了高等教育机会供给的均衡性。①② 邹之坤、韩梦杰、宋伟等学者分析了高等教育的区域结构差异对高等教育机会公平的影响,指出行政力量、经济因素等对我国高等教育结构布局具有绝对的主导作用,导致了我国高等教育自诞生之日起就存在区域结构失衡问题,这已成为不断推进我国高等教育公平的重要障碍。③④ 张应强、赵军、陈卓等学者指出,高等教育公平问题的实质是制度问题,众多的教育机会不平等最终都可以还原为高等教育的各种制度性障碍问题,以及由此所延伸出来的法律缺失、政策缺位、规范不健全或机制错位,大多数高等教育机会的不平等问题最终也都需要通过制度加以协调。因此,高等教育机会公平的实现有赖于制度调适、政策创新,研究和建立保障高等教育机会公平的制度保障体系是从根本上解决教育不公平问题的关键和保障。⑤⑥ 刘海峰分析了分省定额的招生录取制度、分摊共建大学投入体制等具体制度对于高等教育机会公平的影响,指出分省定额制度、教育投入体制的共同作用导致了高等教育机会区域差异,同时,部属高校的区域分布总体呈现"金字塔结构分布格局",这种不均衡分布无法缓解大学招生属地化的负面影响。⑦⑧ 王本陆、陈潭、胡晓等学者尝试从各种制度伦理精神的视角探讨高等教育公平问题,指出制度正义是高等教育公平的核心议题,教育机会不平等问题的产生有自然的、社会的、历史的客观因素,也有人为的制度性因素;罗尔斯分配正义理论为优化制度设计提供了制度伦理规范和价

① 王亮.高等教育公平:过程与结果的双重思索[J].社会科学战线,2013(01):277-278.

② 未增阳,陈新忠.高等教育入学机会公平的财政促进政策探析[J].当代教育科学,2012(17):32-35.

③ 邹之坤,李洋.我国高等教育的伦理问题研究[J].黑龙江高教研究,2011(02):12-14.

④ 韩梦洁,宋伟.新中国成立以来高等教育区域结构的制度安排与反思[J].河南大学学报:社会科学版,2014,54(01):125-141.

⑤ 张应强,马廷奇.高等教育公平与高等教育制度创新[J].教育研究,2002(12):39-43.

⑥ 陈卓.超社会资本、强社会资本与教育公平——从当今中国教育影响社会分层的视角[J].青年研究,2010(05):75-84+96.

⑦ 刘海峰,李木洲.高考分省定额制的形成与调整[J].教育研究,2014(06):73-80.

⑧ 刘海峰,李木洲.教育部直属高校应分布至所有省区[J].高等教育研究,2012(12):17-25.

值体系,[①]需要在制度层面贯彻教育公正的制度伦理原则,控制人为因素导致的教育不平等,并努力减少社会环境因素的消极影响,使教育制度的公正性价值外化为教育行动,[②]以消解高等教育机会失衡的各种实践问题。

三、现有研究的贡献与不足

国内外学者在高等教育公平的实现样态与趋势预测、影响因素与作用机制、突出问题与解决对策等方面进行了大量研究,为本书提供了研究基础。综观国内外已有的相关研究,可以发现:

(1)高等教育领域的教育不公平问题持续存在已成为当前的研究共识。高等教育大众化、大学扩招必然引起高等教育规模和教育机会数量方面的变化,这也是验证和深化我国高等教育机会公平研究的一个重要切入口。在对一些大规模社会调查数据以及小规模或局部地区专业调研数据的综合分析基础上,既有的大量研究从不同角度充分证实,我国高等教育机会分布存在着城乡差异、阶层差异和地区差异、质量差异问题,高等教育领域的教育机会不公平问题一直持续存在,这已成为现有研究的一个基本判断。

(2)高等教育公平状况主要受制度的影响。我国高等教育机会失衡问题固然是教育内部、外部的多重影响因素共同作用的结果,但主要与政府决策和制度设计的失衡有关,特别是长期倾斜的教育制度加剧了城乡、地区、阶层间的教育差距,引发了社会诸多不满。已有的研究证明,教育制度是指引教育公平发展方向的关键性变量,大学入学机会怎样分配、如何变化都和教育制度有着密切的联系。当前有必要对教育制度的某些价值导向和具体制度设计问题进行重新评估和系统反思,这在一定意义上

---

①　陈潭,胡晓.罗尔斯原则与高等教育公平的制度逻辑[J].现代大学教育,2008(04):1-6.

②　郅庭瑾.教育管理制度伦理问题研究[J].华东师范大学学报:教育科学版,2006(04):32-37.

也是采取积极行动、提出有效的教育公平对策的前提。

（3）高等教育公平的制度体系亟待深入的、精细化的研究。目前我国高等教育领域出现的非公平现象的实质是制度问题。一方面，推进高等教育公平有赖于制度调适和制度创新，各种高等教育机会失衡问题本身就是制度设计不合理、制度体系不健全或制度运行失范所造成的，高等教育公平问题的解决最终也需要还原为教育制度和政策问题；另一方面，教育机会分配方面的城乡差异、阶层差异、地区差异、质量差异等问题最终都可以通过制度路径进行有效调节。所以，教育制度本身的制度体系是否完善、制度结构是否合理、制度价值是否公正等问题是决定教育是否公平的关键因素，亟待对其进行深入的、精细化的研究。制度本身的结构是决定教育公平的关键因素，制度伦理是当前制度研究的一个重要研究视角，从制度伦理的视角切入，不仅是从不同层次深度剖析高等教育机会公平问题，也是从根本上解决教育不公平问题的关键和保障。

第四节　研究思路与方法：制度伦理研究视角的可行性

一、研究思路与框架

本书围绕"高等教育公平"这一主题，着眼于制度伦理的研究视角，研究内容集中在高等教育公平的系统性及其制度规制问题上。因此，高等教育公平的制度体系及其实现机制是本文的主要研究问题，在公平正义的理想性与现实性的融合及互译中，构建制度伦理与高等教育公平的多元映射关系，并探讨高等教育公平的未来实践路向。本书具体分为两个子命题：

子命题一:基于制度伦理的价值范畴,研究高等教育公平的理论规定性与现实制度建构的逻辑关系。研究教育制度伦理的不同价值维度(公正性、包容性、发展性)与高等教育公平的逻辑关系。同时,本书结合教育实践情境,从制度伦理的视角对与高等教育公平密切相关的政策文本的价值维度构成展开研究。通过理论探讨与现状分析,提出了不同价值维度的教育制度的建构情况及存在的伦理问题。

子命题二:基于制度伦理的功能范畴,研究高等教育公平的制度建构问题、实践路向问题和改革逻辑问题。从制度过程的视角,逐层深入剖析制度伦理在制度建构、制度运行、制度评价中的作用机制,以制度伦理功能的思维模式提出高等教育公平的实践路径及相关政策建议,力求回答高等教育公平改革的理论和现实问题,并为教育制度伦理评价提供实践范式。

本书围绕"制度伦理及其对高等教育公平的规制"这一总体目标,从"提出问题—理论建构—分析问题—状态考察—解决问题"的思路展开研究。

1. 提出问题(第一章)

高等教育公平问题,不仅是一个超越教育领域和学术界的公共民生话题,也是一个关涉社会、经济、政治、教育等领域的综合性时代课题,因而引起了社会各界的广泛关注。高等教育不平等不仅是社会发展不平衡、基础教育发展不充分和高等教育结构性短缺的结果,从最根本的意义上讲是对制度设计的公正性、公平性与合理性的一种价值追问。而这恰恰引出了本书的关键主体:高等教育公平的制度伦理问题。

2. 理论构建(第二章)

制度伦理主要是探讨制度的价值合理性的一个概念范畴。本书从"制度伦理"这一逻辑原点出发,引经据典对不同流派的制度伦理思想进行总结和评析,确立本书的理论根基和理论分析框架,并就制度伦理的价值维度、功能维度等问题进行了系统分析,这些都将为本书第三章高等教育公平的本质研究以及第六章提出高等教育公平的制度逻辑和实践路径做出理论上的铺垫。

3. 分析问题(第三章)

该部分揭示了高等教育公平的本质内涵。在对教育机会分配的机制进行考察的基础上,建构了高等教育机会获得的分析模型,以明确高等教育公平的客观本质与内在逻辑。立足于个人禀赋、先赋条件和自致因素三个影响变量,提出了高等教育公平的平等性原则、补偿性原则和差异性原则,并与制度伦理的公正性价值、包容性价值和发展性价值建立了映射关系。从公平原则和制度伦理视角对高等教育公平的制度条件进行了探讨,展望了基于制度伦理取向的高等教育公平制度转型方向。

4. 现状考察(第四、第五、第六章)

该部分属于现状梳理和问题剖析部分,在制度文本分析的基础上,全面归纳、综述了高等教育公平相关的政策文件在公正性制度、包容性制度和发展性制度三重维度制度下建构的现实样态,并从竞争性教育机会的规范、补偿性教育机会的保障、选择性教育机会的实现层面阐释我国高等教育公平面临的挑战。在此基础上进一步凝练了研究的问题和研究的重点。

5. 解决问题(第七章)

在寻求制度伦理依据、分析现实诉求的基础上,建构高等教育公平的未来路向。第七章主要从制度设计与建构、制度实施与运行、制度评价与调适三个层面对高等教育公平的实践问题进行分析,这是实现高等教育公平的制度保障,或者说是教育制度伦理价值在实践中的具体化。该部分沿着制度伦理在制度全过程中的三种功能性路径,针对高等教育公平制度的建构现状、伦理问题、制度困境,提出了提升我国高等教育公平的制度路径与实践逻辑。

二、研究方法

研究方法是对研究对象的理解、揭示和表达,[①]而针对高等教育公平制度的伦理价值分析是本书的一个难点。鉴于研究对象的特殊性及制度伦理研究的特点,本书主要采用以下研究方法以确保研究的可行性。

1. 系统研究方法

高等教育公平是一个具有复杂性、整体性、系统性的研究课题。影响因素涉及社会层面、教育层面、个体层面多个领域,而且不同领域和影响因素又错综复杂地交织在一起,增加了高等教育公平分析的难度。尤其是"机会公平"作为"高等教育公平"的核心,其概念本身也涵盖不同的层次,是包括"平等性教育机会""补偿性教育机会""选择性教育机会"同构的结果。因此,需要运用系统的分析方法全面地、综合地研究,才能确保研究结论的可靠性。

2. 文本分析法

本书采用文本分析的方法,借助 NVivo 质性分析软件,对高等教育公平相关的制度文本进行关键词提取、编码,建立高等教育公平制度的树状节点系统并进行精细化分析,从而总结高等教育制度建设的现状,分析高等教育公平制度的伦理价值结构,揭示当前高等教育公平制度中存在的伦理困境和制度问题,并进一步提出教育制度调适的方向和具体建议。

3. 文献法

文献法是围绕某一主题通过文献查阅、文献搜集、文献梳理、文献分析,揭示研究对象的本质、规律的方法。在本书的研究过程中,对制度伦理思想的梳理表现为一定的历史性和连贯性、继承性和发展性、多元化和融合性的特点,为此,需要查阅、整理大量的国内外文献资料,这对于构建

---

① 罗志敏.大学学术伦理及其规制研究[D].武汉:武汉大学,2010.

本书的理论基础和分析框架十分重要。在写作过程中,利用图书馆和各种电子资源搜集整理相关书籍、论文及其他资料,内容涉及教育学、伦理学、社会学、哲学等诸多学科领域,经过梳理、总结、提炼,得出具有系统性、自洽性的理论观点和研究结论。

三、研究创新

本书从制度伦理的视角对高等教育公平开展研究,主要有以下三个方面的创新点:

(1)以制度伦理为研究视角,将制度伦理的价值维度与高等教育公平理论相结合,构建了高等教育公平的理论分析框架。

本书以制度伦理为分析视角,引经据典对不同流派的制度伦理思想进行总结和评析,确立本书的理论根基,打破了过去对于制度本体维度的单一考虑,将制度伦理的价值维度与高等教育公平理论相结合,提取具有系统性、自洽性的教育制度伦理体系,以教育制度的公正性、包容性、发展性三重价值为指导框架,突出强调了高等教育机会公平的复杂性、整体性和系统性特征,是对高等教育公平研究的深化和超越,也体现了本书以新的研究视角寻求教育公平研究的新路径。

(2)运用 NVivo 分析软件对高等教育公平制度的构成要素、价值结构等进行精细化研究,从公正性制度、包容性制度和发展性制度三重维度揭示了高等教育公平制度的建构现状及潜在问题。

本书将 NVivo 质性分析软件运用于高等教育制度文本分析,构建了高等教育公平制度的价值结构,并对政策内容进行精细化研究,揭示了制度困境及潜在的制度伦理问题。本研究突破了传统的制度伦理研究多采用思辨研究范式的局限,探索了定量分析与定性分析相结合、制度价值分析和政策话语分析并重的制度研究新模式,实现了制度分析方法的创新。

(3)将制度伦理的功能维度与制度建构过程相结合,提出了高等教育公平的制度路径,并揭示了解决高等教育公平问题的实践逻辑。

　　本书针对高等教育公平的复杂性特征,将教育制度的功能维度整合到高等教育制度建构的过程中,以制度设计的"伦理涉入"、制度运行的"伦理自觉"、制度评价的"伦理导向"三个阶段为基础,运用层次逻辑和系统思维提出了高等教育公平的制度路径,揭示了解决高等教育公平问题的实践逻辑和综合对策。这是对已有的教育公平研究模式的补充和拓展,对丰富教育理论和指导教育实践具有重要意义和价值。

第二章
制度解构:制度伦理及其规范性来源

在高等教育的现代化过程中,制度体系的完善与制度伦理的优化有非常重要的现实意义。制度伦理体现了对公平、公正、正义等的维护,保障了人们对自由发展和美好生活的诉求,体现了教育治理领域中将制度建设、治理改革与伦理追求的有机结合,从而构成了我国高等教育治理和教育公平实践的重要内容。

第一节 制度伦理的理性认知

教育制度是维系教育发展的基础和前提,也构成了教育发展的现实空间。教育制度建构要在正确的价值导向指引下,保证教育制度改革始终沿着正确的方向前进。制度伦理代表着对制度体系的一种价值反思和方向性引导,制度发展与改革必然包含着优化制度设计与完善制度伦理的过程。也就是说,"高等教育公平"视野中的制度发展,要保持制度伦理对教育制度的规范作用,那么,什么是制度伦理? 制度伦理的基本维度是什么? 制度伦理的导向作用体现在哪些方面? 这些问题都是关涉本书的根本性问题。

一、关于教育制度的理解

在研究领域,制度是一个具有多维语义的学术概念。制度可以是规则或规范,可以是习俗或习惯,可以是组织或机构,可以是模式,也可以是系统。[①] 从实践的视角看,制度是要求大家共同遵守的办事规程或行动准则,它以规范、规则、运作模式的形式规范着社会主体的行动。制度蕴含着社会的价值,其运行表征着人与人、人与社会之间的一种合法性秩序状态。

教育制度是人类社会用来组织教育活动、规范教育利益关系、约束教育主体行为的法律、准则、契约和规范等。高等教育是一种制度性存在,高等教育活动内嵌于各种制度环境之中,受制度的规范和制约。很多制度都与我们学习生活息息相关。例如,教育机会问题不仅是社会舆论关注的热点,也是近年来教育公平研究领域中的前沿问题。一般而言,机会代表一种可能性,也是个体发展的一种资源,教育机会的分配本身就是一个制度规范的范畴。我国的教育机会分配包括普惠型机会和竞争型机会两种分配方式。所谓普惠型教育机会,是人人都可享有、政府给予保障的一种教育机会类型,如基础教育领域,通过义务教育的制度体系来实现;所谓竞争型教育机会,是通过一定的选拔、竞争过程而获得和实现的机会类型,如高等教育机会,按照高考成绩择优录取,涉及的制度主要包括招生制度、高考制度、录取制度等。也就是说,制度代表了社会资源、机会、价值等的一种权威性分配,因而关系我们的切身利益。从这个角度而言,制度视域也是我们分析高等教育公平问题的一种重要的理论视角。

一般而言,教育制度包括规范系统、组织系统和工具系统,从形式化的教育法律制度到实体化的教育组织和教育机构[②],再到工具化的各种教

---

① 徐彬,刘志军,肖磊.论课程评价制度创新的阻力及其化解[J].课程.教材.教法,2021,41(1):4-9+28.

② 李江源.论教育制度的结构[J].河北师范大学学报:教育科技版,2005(3):5-16.

育资源、文化符合，教育制度表现出系统化的运行特征。首先，规范系统是教育制度运行起实际作用的要素，是对教育主体及其活动的具体规定。教育制度的规范主要包括教育法、教育政策、教育规划等，通过这些文件对教育主体及其活动做出具体规范。在这些制度规范系统中，既有倡导性的规定范畴，如"对口支援西部地区高等学校计划""国家支援中西部地区招生协作计划"等，又有禁止性的规定范畴，如"全面取消奥赛、体育特长生等5项全国性高考加分政策"，还包括惩罚性的规定范畴，如对"高考移民"等违规现象进行惩处。其次，组织系统是教育目标实现和教育规范运行的基本载体，是规范系统的实施机构。以免费师范生制度为例，在招生录取等不同环节由各类组织机构相衔接，共同完成整个招生和培养工作，在培养环节、就业分配环节由学校、就业系统等机构承担相关职责，一系列的制度链条都是由相关部门来组织实施的。没有这些组织系统，教育制度就无法落实，也就难以生效。最后，工具系统是教育制度赖以运行的物质条件，主要包括各种设备和资源。工具系统是调节器，是整个教育制度运行系统的润滑剂、营养液，教育机构实施教育制度需要一定的工具，包括各类物质条件、资源等。

当然，教育制度还存在另一个重要属性，即价值取向问题。教育制度并非价值中立，必然具有一定价值，这些价值代表一定的态度，即对某些行为方式的倡导或禁止，促进或打压，也代表着一定的导向，促进效率还是促进公平、均衡导向还是非均衡导向等，这就是所谓的教育制度的价值问题。例如，1985年《中共中央关于教育体制改革的决定》中提出，要有步骤地实行九年制义务教育。该政策指出，由于我国幅员广大，经济文化发展很不平衡，义务教育的要求和内容应该因地制宜，有所不同。全国可以大致划分为三类地区：一是约占全省人口25％的城市（包括近郊）、县属城镇和经济发达的区、乡。这类地区要求1990年左右完成。二是约占全省人口60％的经济发展中等程度的镇和农村。这类地区1990年前，应普及小学教育，1995年左右实现普及初中阶段的普通教育或职业技术教育。三是约占全省人口15％的经济落后地区。这类地区要随着经济的发展,首先普及小学教育,争取2000年以前普及九年制义务教育。各市、县应以乡(镇)为单位,由下而上地制订出切合实际的规划,以便分类指导,积极地、有步骤地实施。要充分调动各地、各单位的积极性,鼓励集体、个人和其他社会力量办学,加速九年制义务教育的发展。从文件内容来看,该政策指向非均衡导向,提出全国不能一刀切,允许一部分地区先发展,反过来促进共同发展。现在,《国家中长期教育改革和发展规划纲要(2010—2020年)》提出,均衡发展是义务教育的战略性任务。要建立健全义务教育均衡发展保障机制,切实缩小校际差距,加快薄弱学校改造,着力提高师资水平,义务教育阶段不得设置重点学校和重点班,加快缩小城乡差距,建立城乡一体化义务教育发展机制,在财政拨款、学校建设、教师配置等方面向农村倾斜。率先在县(区)域内实现城乡均衡发展,逐步在更大范围内推进,努力缩小区域差距,加大对革命老区、少数民族地区、边疆地区、贫困地区义务教育的转移支付力度,鼓励发达地区支援欠发达地区。从政策文本来看,这充分体现了教育制度的均衡导向。

本书中的教育制度,是从规范系统角度理解的"制度",主要是指在特定历史条件下形成的具有正式约束力的教育法律、教育准则及教育行政部门根据具体情况制定的教育行政规则、教育办学章程及教育行为规范等。

二、制度伦理的理性阐释

从一般意义来看,制度伦理主要是探讨制度的道德合理性的一个价值范畴。制度是人类的一种特殊社会建构和有目的的社会活动现象。建制是自由意志的过程,必然内蕴某种价值判断和价值选择,从而实现对建制行为的影响与规范。例如,"仁政"是儒家制度伦理思想的核心,而"秩序""法治"是法家制度伦理的代表观点,两者在国家治理、制度价值、治理目标等认识方面的差异也反映在制度建构的过程中。因此,制度伦理是制度建构的灵魂,是制度得以产生的观念先导,它对制度形成和制度安排起到重要的规范作用。任何制度都要以一定的制度伦理为底蕴,通过制度伦理的价值认定、价值判断和价值取舍来实现对制度的约束机制。关于制度伦理的含义,有学者认为,"可将制度伦理理解为存在于社会基本结构和基本制度中的伦理要求与实现伦理道德的一系列制度化安排的统一",[①]即"制度的伦理——对制度的正当、合理与否的伦理评价和制度中的伦理——制度本身内蕴着一定的伦理追求、道德原则和价值判断"。[②]由此可见,制度伦理具有理念维度与实践维度两层含义。根据对制度伦理的理解,本书认为,高等教育视域的制度伦理的建构具有两个层面内容,即制度伦理价值理念的构建与制度伦理实现路径的构建。

从历史的角度看,西方国家自古希腊起就对制度的价值问题、制度伦理问题进行探究。例如,在柏拉图的《理想国》中系统阐述了他关于国家制度建构的理想主义路径,也包含了他的制度伦理思想。在他看来,正义是通过制度体系来实现的,并提出明智、勇敢、节制与正义四种制度伦理价值,其中,正义是维护理想国秩序的最根本的德性,也构成了理想国制度的最基本的制度伦理原则。在亚里士多德的《政治学》中,他通过一种实践理性方式阐释了对于制度建构的理解,体现出经验主义的制度路径,从而构建起一个"善"的制度。在亚里士多德看来,城邦作为一个政治共同体需要制度体系的保障,这个制度以正义与幸福为旨归,以至善为最高制度原则,强调公正和共同利益,这种制度安排具有引导、培育和造就美德的伦理功能与道德责任。启蒙思想家卢梭从"自然状态"出发阐述制度"善"的问题,将平等、自由和权利等理念融入社会发展的衡量体系中,作为理解社会制度的基本价值标准,能否平等获得发展权利成为制度的一个重要价值要求。自 20 世纪 70 年代以来,西方国家开始强调国家治理中的价值因素与制度伦理的规范作用,学者也开始正式关注制度伦理的

---

① 何颖.行政哲学研究[M].北京:学习出版社,2011:104.
② 方军.制度伦理与制度创新[J].中国社会科学,1997(3).

问题，例如，罗尔斯在《正义论》中展开了对制度伦理问题的系统讨论，他主张将公平的正义作为制度伦理的首要德性，指出"正义是社会制度的首要德性，正像真理是思想体系的首要德性一样"，"在一个正义的社会里，平等公民的各种自由是确定不移的，由正义所保障的公民权利决不受制于政治的交易或社会利益的权衡"，[①]从而克服了功利主义工具理性的弊端，为制度注入伦理的价值规定性，奠定了制度伦理的理论基础。

三、制度伦理的实现形式

"教育是民族振兴的基石，教育公平是社会公平的重要基础"。[②] 努力实现高等教育公平是一项具有全局性和战略性的重要任务，也是高等教育改革的重要目标和价值追求。高等教育公平问题的实质是制度问题，制度伦理是制度公平性的先决条件。那么，制度伦理与高等教育公平之间的关系是什么？ 以不同的制度伦理维度为视角，高等教育公平的制度建构应表现在哪些方面？ 制度伦理是如何运作于我国高等教育的具体实践的？ 我国高等教育公平制度体系的安排、设计与实施应注意哪些问题？ 这些都是高等教育公平研究需要反思和回应的问题。

关于教育制度的理念、价值和制度伦理构建问题，其实质是探讨教育制度如何实现"善"的内容和形式的问题。我们需要对教育制度进行价值维度的分析，主要指向"什么是善的制度""善的制度应当是怎样的""有何伦理价值""善的制度何以可能"[③]等问题，具体包含两个层面：首先，制度内容的"善"是指保证公民能够享有平等的基本权利、平等的发展机会、平等的分配方式、平等的基本公共服务。 制度是具体化、实体化、程序化的制度伦理，通过对制度具体安排的分析可反映出制度所蕴含的伦理观念、

---

① （美）约翰·罗尔斯.正义论[M].何怀宏，何包钢，廖申白，译.北京：中国社会科学出版社，2009：3.

② 胡锦涛.高举中国特色社会主义伟大旗帜为夺取全面建设小康社会新胜利而奋斗[M].北京：人民出版社，2007：37.

③ 高兆明.制度伦理与制度"善"[J].中国社会科学，2007(06)：41-52＋205.

价值导向或伦理结构,也就是制度伦理的实然状态;①其次,制度过程的"善"是指制度的形成或制度的调适体现制度伦理的要求,实现制度程序上的公正性,保障制度过程的公开性与参与性。制度的合理性源于制度建构过程,使民主性、合法性、平等性等伦理价值用制度文本予以确认,变为实实在在的客观规范,使这种价值需求实体化和结构化。② "善"的制度往往是多维度的,不仅是"正义性"维度,还包括民主性、包容性、有效性等一系列重要价值,在制度过程上还表现为公开性、共识性、参与性。所谓公开性,即制度的各项规定和举措必须得到清楚的规定,否则人们就无规则可遵循,制度也就缺少了规范的效力。所谓共识性,即制度规范要成为公共知识,达成大众共识,以便保障该制度能够使公民在认知上接受、在实践中执行,具有制度规范效力。所谓参与性,即制度的制定与实施的过程要求公众积极参与,公众广泛参与、广泛调研、吸取各方意见是"善"的制度形成的前提。每个维度有着不同的价值导向和目标指向,不同制度伦理价值要在制度体系中相互协调,具有整体性和自洽性,以最有效地发挥制度体系的综合作用和整体功能。

关于制度伦理实现路径的构建,主要包括制度主体的伦理道德和制度运行所体现的伦理规范。制度伦理包括组织和个人的主观伦理建构,是主体在制度建构与执行过程中的一种伦理规范和道德要求。在我国教育领域不断深化改革之际,治理主体的伦理建构是必不可少也尤为重要的部分。任何以正式制度的形式出现的行政伦理规范都源于伦理价值观,主体伦理规范只是这些行政伦理价值观的集中体现或表达形式。③ 教育治理的主体因其公共性质必然代表着公共价值并肩负着公共责任,因此制度主体的伦理责任与制度本身的公正性建构同等重要,它是教育治

---

① 田雪飞,史万兵,马士军.我国高等教育制度伦理的维度研究[J].东北大学学报:社会科学版,2013,15(06):636-641.

② 杨清荣.制度的伦理与伦理的制度——兼论我国当前道德建设的基本途径[J].马克思主义与现实,2002(4):89-92.

③ 胡辉华.论行政伦理研究规范[J].北京行政学院学报,2006(2):28-32.

理合理性的重要保障，教育公共部门所坚持和倡导的伦理价值会体现在制度建设以及日常工作的方方面面，也将在制度运行过程中有所展示，对教育实践过程产生影响。因此，加强制度主体的伦理建设已然成为一种趋势，其伦理水平的高低对教育改革和发展有着深刻的制约和影响。[①]

所谓"制度运行所体现的伦理道德"，是制度主体在制度运行过程中遵循与实施制度所体现的行政伦理。构建新型行政伦理体系，要以公共利益为目标，提升民众的认同感；以公共责任为导向，注重伦理价值建设；以契约伦理为指向，改进监管方式。[②] 制度活动的最终目的是贯彻落实并付诸实践，从而规范和调节整个社会关系或者共同体活动。教育制度的运行过程是一个蕴含主观能动和价值判断的过程，需要教育活动主体的教育责任意识，能够自觉地履行制度伦理规范并作为个体行为选择、调控和评价的内在依据。制度运行过程需要遵循一定的伦理要求与道德规范，包括制度的发展伦理与制度的共享伦理，这是一种主观见之于客观的制度实践过程。[③] 如果说制度本身的伦理价值是通过借助伦理价值来渗透和丰富制度的公正性、合法性，进而增强教育行政主体在制度建构过程中的主观责任的话，那么制度运行伦理是通过借助法律权威来提高伦理的制度约制力，进而有效增进行政人员运权的客观责任。这两者是同一过程的不同方面，都致力于强化伦理价值融于制度，强化制度运行主体的"责任意识"，既能促进个体德性的增长，也能促进公共利益的生成。[④]

从实践来看，未来高等教育公平建构需要明确以治理和善治为方向推进高等教育管理体制改革。推动高等教育在发展方式与治理方式上的双重转型，是我国高等教育改革最为关键的两大任务。高等教育公平是法制框架基础上的教育公平治理，完善制度框架、法律体系、政策措施等

---

① 徐钰淇.论行政人员伦理实然层面的意义和面临的难题[J].法制与社会，2019(20):115-116.

② 苏玲,魏崇辉.关系社会视野下新型行政伦理体系的构建[J].领导科学，2019(12):4-7.

③ 李思然.国家治理视域的制度伦理建构[J].理论探讨，2019(04):177-180.

④ 赵文,江艳.公共行政责任伦理的理论逻辑与实践路径[J].领导科学，2019(08):46-50.

是高等教育公平治理的题中之意,其重要性不言而喻。建设现代高等教育制度体系,是一项极为艰巨的任务,要进一步实现完善制度与优化制度伦理的和谐统一。按照依法治教的要求,切实加强法律、规章和制度体系建设,在制度体系建设中突出公平、高效、民主、和谐等理念,提高教育管理过程中的参与度、回应性与透明度,发挥制度伦理在制度建设中的指引和导向作用。

第二节 制度伦理的规范性来源

教育是影响社会分层的重要因素,具有促进社会阶层流动的功能。人们的教育经历决定着学历和职业方向,在当今越来越注重学历和分工专业化的社会中,教育程度和教育类型极大程度地决定了人们的职业选择,进而影响他们的未来收入和社会地位。[①] 教育运行受到一定的制度规范的影响和制约,这种规范表明教育分配依据一定的标准和准则对教育主体进行约束、对教育行为进行引导。当前,我国高等教育领域出现的教育公平问题主要源于制度性障碍,不断优化制度设计是解决问题的重点。"善"的制度能够保证高等教育沿着理想的设计良好运行,决定着高等教育的公平程度及制度实施效果。高等教育公平的制度治理蕴含着优化制度设计与完善制度伦理的内在要求,需要对"制度价值缺陷""制度供给障碍""制度实施困境"等制度问题做出反思与回应。

一、高等教育公平的现实约束

1. 社会领域的约束条件

随着社会公正的价值取向在高等教育领域的强力渗透,高等教育已

---

① 全国十二所重点师范大学联合编写组.教育学基础[M].北京:教育科学出版社,2014:56.

被置于更为广阔的社会网络背景中以审视其社会属性。[①] 在这种背景下，维护和实现社会公平已成为社会附加给高等教育的一项重要的非教育性功能。维护和实现高等教育公平，不仅是教育问题，还是社会问题，必须在一定的社会条件和经济条件中综合考虑。中国传统社会具有明显的"身份社会"特征，即使改革开放以来也没有彻底使之瓦解；相反，出现的一系列诸如户籍、所有制、阶层结构和家庭出身等新的身份指标，在国家制度体系下充分发展，并成为更严密、覆盖广泛的新的身份传统，影响着人们各种权利的实现和机会的获得。在高等教育领域，"身份"在很大程度上影响着高等教育资源、机会等的分配，尤其是户籍制度与高考制度结合至今，具有历史的惯性和滞后性，已成为影响高等教育公平的重要因素。对于一个社会、经济和教育均处于"转型阵痛期"的人口大国，我国高等教育公平的实现还存在严峻的问题。社会资本差异和失衡是导致高等教育公平问题的重要原因，既影响着高等教育机会的分配和教育资源的公平配置，也不利于社会的合理流动。教育机会"是社会利益关系的一定平衡状态，而利益关系能否达到为多数人所能接受的平衡状态，关键是能否切实维护多数人的权利"。[②] 高等教育不公平助推了社会阶层固化，出现了"寒门难出贵子"和"蚁族"等社会现象，这也说明了当前高等教育在促进社会流动方面功能的弱化。中国社会所隐含的阶层、家庭、环境等方面的差异对于高等教育机会的获得具有重要的影响。对于优势群体来说，其在经济资本、社会资本和文化资本等方面累积的优势使下一代更易于获得优质的教育起点和良好的发展环境，从而使中上阶层具有更多的高等教育机会。社会分层导致高等教育领域的阶层分化加剧，必然使高等教育公平问题演变为一个复杂多元的问题。

2. 教育领域的约束条件

我国既是区域经济发展失衡严重的国家，也是区域高等教育差距非

---

① 高树仁.平衡视域下的现代大学制度诠释与建构[J].高校教育管理，2013(1)：8-12.
② 缪文升.基于主体间性教育机会公平的理论研究维度[J].现代教育管理，2013(11)：13.

常大的国家。改革开放以来,受经济上非均衡发展战略的影响,我国高等教育也采取了非均衡的资源配置方式,导致目前我国高等教育区域间的巨大差距。而当前区域高等教育发展水平与地区高等教育机会的供给之间是一种线性联系,这意味着在实际提供的教育资源的数量和质量方面,东部发达地区要优于中部和西部欠发达地区,这种教育机会的差距与高等教育布局结构有关,而与个体努力达到的学习水平无关,"户籍制报考""按省定额""划线录取"的招生逻辑导致高等教育公平出现一个零碎的分割市场,使区域高等教育入学机会存在一些差异。区域高等教育发展失衡是导致地区间高等教育服务水平出现差异的一个重要原因。公共高等教育资源的有限和民众教育需求的无限是无法回避的矛盾。我国高等教育公平问题不仅表现在社会公众和经济社会发展对于高质量高等教育需求迫切方面,还表现在优质高等教育资源严重短缺方面。[①] 众所周知,我国高校系统从办学层次来看类似于金字塔形结构,这是传统计划性资源配置模式和重点发展战略连动的结果,导致高等教育资源尤其是优质高等教育资源分布的区域差异显著,不同地区高等教育在机会供给方面矛盾日益凸显。尤其是作为优质高等教育资源的"985 工程"及"211 工程"大学,在招生指标分配的属地化倾向上存在争议。对于北京、上海等国家部委院校相对集中的地区考生来说,可以凭借地域优势相对容易地获取优质高等教育机会,而其他地区的考生则需要付出更多的努力,造成不同地区间高等教育权益的不协调,从而深化高等教育公平方面的矛盾。

3. 制度领域的约束条件

一个公正的教育制度体系有利于社会秩序的重建。无论是通过什么方式来实现高等教育公平,具体举措都会不同程度地体现在制度安排上,即借助制度手段来对高等教育供给进行适当调整,并依靠法规、制度的约束性和权威性来为高等教育公平的实现提供最终保障。公正的高等教育

---

① 钟秉林.优化高等教育资源配置推进高等教育内涵发展[J].重庆高教研究,2014(1):1-3.

制度体系作为高等教育发展中的内生变量，必然成为守护高等教育秩序的重要途径。随着科学发展观、和谐社会建设等新的社会发展观的提出，公平的制度理性已逐渐在高等教育政策中得到回应，但以往以效率优先的制度惯性仍然很大，要真正改变尚需要较长的过程。在这个过程中，尤其是要重构以公平为导向的现代高等教育制度。我国高等教育不平等的一个重要原因是政府作为教育资源主体没有完全地对全国范围内的高等教育资源进行统筹规划、合理配置。我国实行中央、省（区、市）、中心城市三级办学、两级管理并且以省级政府统筹为主的高等教育宏观管理体制。一方面，在这种管理体制下，通过落实省级政府的管理权限，有效地调动地方投资高等教育的积极性，有力地支持了高等教育的跨越式发展；另一方面，我国高校地域分布不均衡，各地区投资高等教育的总量和增量差异很大，导致高等教育发展的区域失衡以及高等教育入学机会的不公平。除了部属高校、"211 工程"高校等是由国家和地方政府共建的以外，其他绝大部分高校由地方政府提供财政支持，这些高校必然以服务地方作为主要价值取向，即使是部属高校和"211 工程"等共建高校在其属地化招生的比例也远远高于其他地区，这就不可避免地造成高考招生录取制度中高校招生属地化、指标化、省际录取分数悬殊等问题。这就要求教育行政部门要在广泛的调查研究和充分论证的基础上做出制度安排，最大限度地保证公民平等接受高等教育的权利，从根本上解决高等教育公平问题。

二、制度规约与高等教育公平

从系统科学的角度而言，我国高等教育公平问题既有高等教育系统内部本体意义上的困扰，又有基础教育在区域、城乡以及群体之间的差异问题，它们与社会层面诸多现实约束相叠加共同对高等教育公平产生深刻的影响。也就是说，从教育公平所包含的起点公平、机会公平、过程公平和结果公平四个维度来看，由于我国基础教育阶段的均衡发展还未实现,高等教育的起点公平更无从谈起,也自然无法成为高等教育的本质性特征。一般而言,制度是高等教育公平的重要调节手段。我国高等教育公平的实现,需要以整体性系统思路,统筹设计教育公平制度的整体性改革方案,凝聚社会多方面的力量,在教育系统内部、区域教育系统之间形成合理的统筹治理策略,推进高等教育公平的实现。因此可以说,我国高等教育公平问题的实质是制度问题,我国高等教育领域出现的教育机会不平等主要源于制度性障碍,不断优化制度设计是解决问题的重点。

1. 高等教育公平问题具有深刻的社会根源

高等教育公平所呈现的问题是系统性问题,具有深刻的社会根源。高等教育公平问题的表现具有多样性,不同国家高等教育公平问题有其特定的内容,即使是同一国家范围内高等教育公平问题也具有历史性、阶段性的特征。由于社会情境、价值观念、历史传统、具体国情等特殊性,对于高等教育公平的价值判断也不尽相同。例如,我国古代的教育强调等级性,与现代的教育公平理念大相径庭。当前,我国高等教育公平问题的解决要基于我国社会主义初级阶段的基本国情。尤其是改革开放以来我国社会不平等的加剧、阶层结构的"定型化"等结构性因素使教育在社会流动过程中的重要性日益提高,从而导致社会各主体在教育领域展开了激烈的竞争。与此同时,一系列与人才培养和选拔有关的制度设置或教育政策强化了家庭的经济、文化和社会资本对子女学业成就和教育获得的决定性作用。城市或优势阶层凭借更丰富的各种资本,帮助其子女在优质教育资源获得或升学机会方面获得优势,最终使受教育机会的城乡和阶层差异不断加剧。[①] 要解决好我国现阶段高等教育发展不平衡、教育机会不均衡和教育权益保障失衡等公平问题,需要依靠教育政策的手段来调节,以及依靠完善的教育制度来保障。

① 吴愈晓.社会分层视野下的中国教育公平:宏观趋势与微观机制[J].南京师大学报:社会科学版,2020(4):18-35.

教育正义既有与经济、政治、文化、道德等正义的紧密联系及其内涵的普遍性，又有接受和整合它们的影响而形成的教育特性。[①] 教育领域越来越重视对于教育公平与社会公平关系的研究，有关高等教育公平的研究发现，家庭环境、父辈的职业背景及文化程度、求学动机、户籍制度等对学生教育成就均有影响。可见，教育公平不单是教育体系内部的问题，其根源在于社会发展的失衡，属于整个社会公平的重要组成部分，而高等教育是教育体系最高阶段，高等教育如果不能做到公平、公正，势必将动摇整个社会公平的基础，阻碍社会的阶层流动，导致社会阶层的固化。实际上，高等教育公平的社会环境和外部影响因素是很复杂的，它必须以良好的制度的协调作用作为保障。

2. 制度失衡是高等教育公平问题的根本症结

制度具有平衡和协调利益分配的功能。教育制度可以通过利益的多元协调机制将教育权益、教育机会的差别控制在社会各阶层可以承受的限度之内。在经济领域，"效率"与"公平"似乎是一对永恒的矛盾。高等教育也存在着"效率与公平"的矛盾关系，只不过在高等教育发展的不同阶段，这种矛盾和冲突存在程度和水平的差异。基础教育属于义务教育阶段，是公共服务体系保障的范围，提供均衡、优质、公平的基础教育是基本的战略目标。高等教育属于非义务教育阶段，而且高等教育的结构布局受到经济、社会、地理环境和历史传统等多种因素的影响，很难实现高等教育结构方面的均衡发展，"效率优先兼顾公平"成为高等教育在相当长一段时间的一种适宜发展战略。在发达国家亦是如此，高等教育的区域结构的均衡、资源配置的均衡是很难实现的目标。因此，对于高等教育而言，在教育实践中均衡发展既不可能，实际上也没有必要，因此，权利平等、机会公平应成为高等教育公平保障的重点，这就给教育制度的选择和教育政策的取舍预留了发挥作用的空间。也就是说，在高等教育领域维持绝对的平均主义是不可能的。通过不同的政策和制度协调高等教育利益、保障高等教育的权益、实现高等教育的机会是高等教育公平的现实路径。

当前,我国高等教育公平问题的实质,就是高等教育制度的失衡。这里我们所理解的高等教育制度不是一般教育学中所指的概念,而是具有更为宽泛内涵的概念,是指高等教育系统中各有关利益主体所应遵循的规则、守法程序和行为的道德伦理规范,既包括正式制度如教育法规、政策、管理机制、教育结构、考试制度,又包括非正式制度如社会意识形态、高等教育价值观念和习俗等。① 正如戴维·伊斯顿所言,"公共政策是对全社会的价值最有权威的分配",作为公共政策在高等教育领域的拓展,教育制度是政府对社会全体成员的教育权益进行权威性分配的行为准则和方案,在高等教育公平的实现过程中扮演着重要角色。由于教育制度具有利益分配和调节功能,其制定和执行过程需要表达不同主体的教育权益选择和教育利益诉求,而且还需要对主体间教育的利益冲突进行协调与平衡,以实现社会中教育利益格局的调整、落实或重新配置。制度是维系教育发展的基础和前提。同时,教育制度也构成了教育发展的现实空间。教育是按照一定的社会规则来进行的社会实践活动,教育目标的实现受到教育制度的制约,因为教育资源的合理分配、教育机会的平等开放、教育权利的有效实现都需要有制度体系来保障。尤其在现代社会,人们对于高等教育的需求呈现出差异性、多元化、复杂化的特征,需要教育制度体系在供需、结构、利益、价值等方面进行综合调节,以更有效地协调不同群体的教育权益。可以说,教育制度的公平、公正、合理等价值属性,是形成教育公平的前提,在教育公平实现过程中起到了举足轻重的作用。高等教育公平的实践本质上是通过制度的方式调和供需、利益、价值冲突所引发的各种问题,实现个人权益、群体利益和社会效益的有机统一过

---

① 张应强,马廷奇.高等教育公平与高等教育制度创新.教育研究,2002(12):39-43.

程。在这一过程中,制度发展需要与制度反思、制度调适、制度优化同行,使高等教育的制度体系从冲突、僵滞走向创新、均衡,从而发挥教育制度对于高等教育公平的基础性作用。在推进高等教育公平的过程中,要实现教育制度的决定性作用和价值,必须以公平、公正为价值基础解决教育制度中存在的问题,发挥制度的调节性作用,对制度建构的内容、过程、效果等进行积极反思。客观而言,我国高等教育发展过程中的不公平、不平等是客观存在的事实:一方面,教育公平的制度供给还保留着计划体制下分配性制度的痕迹,没有随着教育公平的时代诉求和高等教育的发展形势、阶段性任务的改变而及时调整,如教育资源的分配形式、大学招生指标的分配方式等;另一方面,教育制度建构过程中的制度缺失或不健全导致的教育权利分配、教育机会分配、教育资源分配和教育组织方式等问题,制约了我国教育公平的实现。因此,高等教育公平的实现,需要在制度反思的基础上对制度进行调适、优化,要综合考虑教育制度供给、教育利益选择和教育价值取向等因素,建立符合人们期望的以公平、公正为核心的制度体系,保护和鼓励人们在同一平等规则的约束下进行自由竞争和教育机会的公平获取,保证供需、利益和价值均衡协调发展。

3. 高等教育公平的多元价值需要制度保障

改革开放四十多年来,我国高等教育虽经历了大改革、大发展、大提高的历史性飞跃,但在制度结构和制度安排上基本上仍然采用与计划经济匹配的政府主导型办学模式。在这四十多年的改革开放历程中,我国高等教育发展的基本思路之一就是运用效率杠杆来改善公平环境。在新时代背景下,我们面对新形势、新挑战,亟须运用公平杠杆来推动、探寻并启动高等教育改革和发展的新动能。[①] 现阶段,我国高等教育公平的总体方向或大致路径可以从平等性公平、补偿性公平和差异性公平三个维度来审视。平等性公平是基于保障竞争性利益分配的公正性而出台一系列

规范性程序,如通过加强高考制度的公正性改革,实现保障入学机会公平的目标;补偿性公平则是超越一视同仁的要求,给予弱势群体更多教育资源,以弥补先赋性因素如出生地、民族、性别、家庭社会经济地位等对其接受教育造成的不利影响,在教育利益分配上予以补偿,给予更多的利益;①差异性原则是基于对学生群体间差异的尊重、对学生个体特质的保护,能够为个体获得与其素质和学力相适应的教育机会和学习待遇提供制度保障。也就是说,高等教育公平是具有相对性、多维度、复杂的实践问题,现在实践方面不是考虑如何消灭不平等,更不是旨在实现绝对公平的均衡发展,关键在于如何设计合理的制度体系保障教育权益,如何把高等教育发展过程中的不公平问题控制在最小限度。世界高等教育发展史表明,高等教育是制度文明的产物,高等教育发展问题以及公平问题的解决必须依靠制度的完善才能实现,目前我国高等教育领域出现的非公平现象大多源于高等教育的制度性障碍,是高等教育大众化过程中的制度性缺失所导致的必然现象。②

公平是相对的,尤其我国仍处于社会主义初级阶段,教育资源的有限性决定了高等教育公平问题是客观存在的,高等教育机会是一种竞争型机会,这也决定了不可能为每个人提供绝对平等的机会。但教育公平是社会公平的基础,教育是每个人全面自由发展的一种先导性价值预设,因此,教育公平仍是我们努力奋斗的理想目标,必须在高等教育资源仍比较有限的基础上努力追求高等教育权益的平衡和高等教育机会的公平。所以,将高等教育公平的理论付诸高等教育实践,使教育权益保障成为人们价值中一个可接受的现实目标,就需要高等教育进行系统的制度创新,包括资源配置制度、招生制度、录取制度等一系列政策调节手段。当前,随着高等院校的不断扩招,高等教育公平的价值观也正在逐步发生变化,高

---

① 褚宏启.教育公平的原则重构与制度重组——兼论什么样的教育不平等是公平的[J].教育学报,2020,16(05):19-27.

② 张应强,马廷奇.高等教育公平与高等教育制度创新[J].教育研究,2002(12):39-43.

等教育公平的社会关注度和关注点都发生了转变,这也必然引发一系列教育制度的变革,有效制度规约是保障高等教育公平观的现实基础,没有制度的公平必然会出现各种实践问题。高等教育公平的多元价值的实现需要教育制度的规范性与教育公正性、包容性、选择性的有效结合,一是要建立系统规范的公正性制度,不断深化招生录取制度改革,明确科学、公平、公正选拔人才的价值目标;二是完善包容性制度,促进中西部地区、少数民族地区、农村贫困地区以及残疾人群体的教育机会提升以保障弱势群体的教育权益;三是探索建立选择性制度,不断完善教育体系,加强分类考试、平行志愿、多元录取等举措,构建在主体差异性、多样性基础上注重选择性教育机会的保障性制度的远景目标。

4.制度是促进并维护高等教育公平的根本出路

在市场经济条件下,面对旺盛的高等教育需求,面对伴随着高等教育大众化进程而日益凸显的高等教育不公平问题,原有的制度结构与制度安排显得越来越"无能为力"。[①] 高等教育的发展应该是制度性发展。[②] 高等教育公平理想的背后,必然包含着共同的制度性因素。制度的创新不仅为高等教育发展注入新的要素,而且往往成为系统推进转型的强大引擎。高等教育公平要重点解决的问题之一就是从统揽全局的角度建立完备有效的制度体系。当前,推进高等教育公平所面临的制度问题是系统性的,诸如如何加强顶层设计,破解当前教育体系缺乏"弹性",难以有效包容不同层次学生实现多样化与个性化发展的就学需求问题;如何明晰公平公正的制度伦理价值,解决城乡发展的"二元结构"以及由此带来的教育机会城乡差异问题;如何构建公平的资源配置模式,改善省域间高等教育的差距问题;如何形成一套相对有效的责任机制,强化相关责任主体为高等教育公平承担应有的权利和责任,形成系统的运作机制以加强

---

① 张应强,马廷奇.高等教育公平与高等教育制度创新[J].教育研究,2002(12):39-43.
② 陈解放.论地方本科院校转型发展——大学内在逻辑与观念文化视角[J].中国高教研究,2014,(11).

对政府、社会、学校各方的制约，保证高等教育公平实施的有效机制等。通过制度建构促进高等教育公平的全面实现，这也是高等教育实现持续健康发展的关键所在。

制度创新的关键是优化高等教育改革与发展的动力系统。我国高等教育处于改革深水区，制度体系的改革与创新为高等教育公平的实现开辟了广阔前景。当前，高等教育的整体布局仍不平衡，发展环境越来越复杂，利益诉求越来越趋于多元化，面对提高质量、促进公平的双重压力，以及深化教育领域综合改革、转变发展方式、实现科学发展的艰巨任务，迫切需要加快教育制度的改革与创新，以提高对教育改革发展的顶层设计、科学谋划、破解难题的能力和水平。[①] 未来我国高等教育公平要依赖"和而不同"的招生制度体系来实现。所谓"和"是指不同地区之间的和谐，其关键是淡化户籍和身份特征，人口充分流动，不同地区享有大致相同的高等教育机会。所谓"不同"是指地区间的高等教育集聚和发展不平衡将继续，不同地区间高等教育发展水平的差异将长期存在，并且从高等教育发展规律和国际经验来看，高等教育公平也没必要采用区域间均衡化发展的粗放模式来实现。所谓"而"就是通过制度安排、政策调适和各种具体措施，将上述两者有机结合起来，实现高等教育发展的区域非平衡与高等教育机会的区域均衡相统一。未来高等教育公平的战略重点应在"而"字上下功夫，即着力构建以机会公平、权利公平、规则公平、资源配置公平为主要内容的教育公平制度保障体系。[②] 充分发挥财政转移支付制度在高等教育领域的宏观调控作用，通过中央政府的有效补偿，弥补中西部地区因高等教育发展水平所造成的入学机会不均衡，使不同地区居民接受的高等教育质量与高等教育机会大致相当。完善高校特别是国家重点建设

---

① 刘国瑞，王少媛.推进省级教育研究机构向教育智库转型的若干思考[J].现代教育管理,2014
(3):1-3.

② 高树仁，宋丹.基于教育权益的高等教育公平研究——价值判断、权益失衡与制度保障[J].中国高教研究,2014(2):30-32.

的大学招生名额分配机制,克服招生名额分配属地化招生。国家通过各种措施鼓励地方高校增加外省招生比例,可以由国家出资鼓励高等教育资源相对丰富的省市突破狭隘的地方服务思维,将招生指标适当分配给部分中西部地区,切实保障弱势群体的教育机会,扎实推进高等教育公平。总之,制度是促进并维护高等教育公平的根本出路,高等教育权益失衡的根本原因在于公平理性的缺失,在于高等教育资源配置方式没能完全实现"合理性跨越"。解决高等教育公平的根本途径,在于通过制度保障将高等教育的公平理性"公共化"。

三、制度伦理的作用及规范性

制度建构是一项涉及价值、内容、形式等诸多要素的系统工程,是基于一定的价值标准,从人们基于理性对制度的应然状态的价值判断出发,在对各种实然状况综合考虑的基础上建构实际的制度体系的过程。制度伦理属于人们基于理性对制度价值情况的判断,属于制度对于满足人类客观需求的应有状态的一种建构依据,阐述制度体系应该是什么或者应该怎样的问题。制度伦理也是对制度进行系统分析以及对制度实然状态进行考察的理论起点。

1. 责任性是制度伦理规范性的一个重要前提

责任与伦理相伴而生。一般来说,责任是一种社会属性,通常带有强制性特征。个人责任是衡量个体精神素质的重要指标,组织责任是考察组织合法性的重要依据。制度在利益关系的协调过程中体现了政府责任、社会责任和主体间责任。在教育治理过程中,责任伦理保障了制度对社会需求的积极回应,也体现了社会成员对自身行为后果的伦理担当。

建构教育制度的责任伦理,就要强化政府责任,提升教育的满意度。在高等教育公平方面,则要求各级政府和教育管理部门能够公平合理地配置教育资源,形成教育公平发展的有效机制,满足不同群体平等接受高等教育的权益。教育资源配置的不公平必然导致高等教育权益倾斜。改革的实践进路主观上采用罗尔斯的正义论体系,[①]这也为我们解决教育资源配置不均衡问题提供了方法。伴随着我国社会的发展,高等教育公平不再只是数量和形式的问题,质量已成为人们对高等教育公平的新诉求,这一新变化对我国高等教育重点建设政策的评估与重构具有重要意义。因此,作为政府,其责任不仅在于要通过科学的制度安排保障基本教育资源,也要积极拓展优质教育资源,不断为我国高等教育资源的配置方式注入新的活力。具体而言,一是在国家重点支持西部地区高等教育发展政策的指导下,继续推进省部共建大学和对口支援工作,坚持优质教育辐射与自身教育改进并举,改善高等教育质量、水平的区域差距,切实提高教育资源的使用效率。二是坚持适度倾斜、弱势补偿原则,用整体思维去统筹不同区域高等教育的发展,在跨区域高等教育之间建立起一种互动和互惠的发展关系,坚持增量改革与存量改革并举,完善区域高等教育体系与缩小差异同步,实现优质均衡发展,保障每个公民的高等教育权利。三是重视城乡教育资源的合理配置,缩小高等教育入学机会的城乡差距。要以社会主义新农村建设和城镇化进程为契机,以优化政策和机制为根本,完善农村义务教育财政体制,着重增加农村优质教育资源,逐渐缩小城乡教育水平差距,推进城市和农村教育一体化进程,从而保障教育质量,保障弱势群体获得优质教育的权益。

建构教育制度的责任伦理,还要强化高校的责任。目前我国高等教育发展水平地区差异还比较明显,国家要通过政策调控尽可能缩小地区间高等教育入学机会的差距,尽可能地实现不同省域录取率的均衡。我国高等学校按照隶属关系可以分为中央部委属高校和地方高校。中央部委属高校一般由中央财政支持,同时地方政府参与共建,这就不可避免地在招生等环节受到地方政府的影响和限制,从而使高考招生名额的配置向地方倾斜。国家教育行政部门应通过调控措施限制这一类高校在其所

① 龙安邦,范蔚.我国教育公平研究的现状与特点[J].现代教育管理,2013(1):16-21.

在地的招生比例，进而均衡中央部委属高校在各省的招生计划，甚至实现向高等教育薄弱的省份倾斜，在一定层面上实现优质教育资源的区域均衡。地方高校作为高等教育招生的主力，其办学特点是财政来源于地方政府、更多地依附于地方行政控制，这就必然导致了地方高校的招生以本地生源为主。对此，国家教育主管部门应通过各种措施积极协调中央部委属高校招生属地化问题，严格控制本地招生的数量，适当增加外省招生规模。另外，高等教育招生的主体在于地方高校。《中华人民共和国高等教育法》第三十二条规定，"高等学校根据社会需求、办学条件和国家核定的办学规模，制订招生方案，自主调节系科招生比例"。根据目前高等教育管理体制和招生计划管理工作程序，主要方向是"加强高等教育招生计划宏观调控，完善中央、地方两级管理体制"。高等学校招生规模由地方教育行政部门在国家核定的分省招生计划总规模内统筹安排。因此，在年度招生计划的制订过程中，强调制度责任伦理的本质在于强化教育的社会责任感，注重教育制度设计和维护，凸显高等学校维护社会正义秩序的责任担当。

2. 共享性是制度伦理公正性的现实来源

高等教育作为一种准公共产品，具有有限的非竞争性和有限的非排他性特征，其供给由政府和市场共同分担。准公共产品的有效供给不能依靠单一供给模式，而扩大准公共产品的供给与需求范围有助于促进公平与效率的均衡。① 高等教育以实现其利益为目的，以提供教育公共服务为主要职能，提升教育资源共享性，让人们共同享受教育发展的成果，对于提升资源配置效率，推进社会公平具有重要作用。共享性是制度安排的一个内在要求，是维护分配正义的具体体现。共享性彰显为一种伦理价值观，这种价值通过一系列制度安排得以呈现。高等教育公平是通过

---

① 荣利颖，孟静怡. 准公共产品区域间共享的政策基础、供需互动与机制构想——以京津冀职业教育资源共享为例[J]. 中国行政管理，2021(01)：91-97.

公平感知和价值判断而形成的相对概念。尤其是群体间的教育权益的相对状态成为公平感知和公平评价的重要内容。城乡之间、民族之间、地区之间、性别之间的教育权益的平衡状态,都会影响主体的公平感知,失衡的教育权益关系甚至会产生一种相对剥夺感,导致教育公平和社会公平的负面评价。海德格尔曾提出"共在"的概念,即"我与他人共同存在于同一世界中"①。共在有其一定的伦理意蕴,成为共享制度的一种理由。教育制度建构需要考虑教育公共服务资源的共享性,保障所谓的"公平底线"。在此意义上,共享与制度之间就实现了一种价值层面的内在逻辑关联。在教育制度设计的具体方面,要内在地渗透共享的价值理念,并将共享的特质自洽地融入制度安排中,强调以分配平等为价值目标,强调缩小或弥补社会群体间的差别,以共享发展来激发人类共同发展的动力,从而实现社会整体发展的理想目标。

新时代背景下,共享性已成为一种重要发展理念,它当然成为制度建构的一种重要价值。制度的共享性体现在社会成员均享有平等的发展权利,赋予个人平等的追求幸福的机会。制度共享的公平性体现为不同群体间基本权利的平等与发展机遇的平等。为实现这一目标,教育制度的设计与安排必须遵循平等的原则,保障儿童与青少年的教育权利、发展权利与发展的可能性,彰显社会的平等与包容。制度共享性的建构要不断完善公共教育服务体系,保障高等教育权益的持续性和稳定性。高等教育公平体现了高等教育准公共物品属性的内在逻辑,建立健全公共教育服务体系是实现高等教育公平的重要保障。《国家中长期教育改革和发展规划纲要(2010—2020年)》指出,各级政府要切实履行统筹规划、政策引导、监督管理和提供公共教育服务的职责,建立健全公共教育服务体系,逐步实现基本公共教育服务均等化,维护教育公平和教育秩序。我国公共教育服务体系是一项立足现实、面向未来,并兼顾城乡和区域统筹的

---

① (德)海德格尔.存在与时间[M].陈嘉映,王庆节,译.上海:上海三联书店,1987.

制度设计。一方面,各级政府应该加大对教育资源的投入力度,通过政策和制度规范高等教育公平运行,确立政府提供公共服务、公共产品和维护社会公平等基本职责,通过创新机制、变革观念、加强法制建设等真正落实高等教育公平。另一方面,各级政府应积极寻求一种全面合理的高等教育补偿方式,着力构建以机会公平、权利公平、规则公平、资源配置公平为主要内容的教育公平保障体系和各级各类助学体系,使弱势群体子女都能公平地得到补偿的机会。相关教育主管部门必须尽快制定高等教育公平度指标体系,尤其要在合理配置教育资源招生制度改革等方面推出新的举措,取得新的成效,力争在构筑基础教育底线公平的基础上,有序提升高等教育权益与高等教育机会公平,最终建成符合中国国情和教育发展的、相对完善和公平的高等教育体系。

制度的共享性体现在对弱势群体应得的教育权益具有相应的补偿机制,使其平等地分享社会改革和教育发展的成果。近年来,一些国家越来越关注和加强高等教育公平的制度建构。例如,印度政府将所有与高等教育公平相关的行动计划整合为"高等教育机会均等计划",将所有残疾人全纳教育行动计划整合为"国家残疾人全纳计划",通过顶层设计解决长期以来高等教育领域各执行部门协调不力的局面。同时,政府还引入多维"弱势指数"机制,以科学评估各高校在增加弱势群体学生入学机会以及财政激励方面的相关表现。[①] 英国政府对高等教育财政制度进行了系列改革,在扩充高等教育系统基金的分配中,将优先考虑那些能够承诺增加入学机会的院校,并把入学机会的监督机制、审查制度放在重要地位,同时对那些致力于招收弱势群体学生的院校进一步追加基金。巴西政府推出"大学向所有人开放"政策,旨在增加社会弱势群体高等教育入学机会。这一政策实际上是通过税收杠杆来刺激私立大学将其所空余名

---

① 杨晓斐.卓越、扩张、公平—印度高等教育"二五"规划"三极"战略述评[J].比较教育研究,2014(12).

额向低收入群体开放。非营利性高等教育机构向低收入群体提供20％的名额可获得免税;而营利性机构则需要提供10％的名额方可获得免税。[①]美国、澳大利亚、芬兰、俄罗斯等国引入教育券制度对高等教育投资体制进行了创新,高等教育券也被称为"政府个人财政义务",是政府义务通过高等教育券向通过国家统一考试的学生提供的预算资金。高等教育券根据"钱随学生走的原则",有利于帮助和改善弱势群体的受教育状况,从而实现教育的公平。总之,教育的共享性是社会正义的价值体现。在现实社会中人与人之间的差异是绝对的、与生俱来的、客观存在的。然而,教育制度的共享性通过系统的制度设计,使处境不利群体在可能的条件下获得最大的教育权益,体现出社会分配正义和教育机会平等。

3. 发展性是制度伦理合法性的路径指向

发展是事物的一个进步变化的过程,是指一种连续不断的变化过程,是量变与质变的耦合,是事物的不断更新。发展性是以促进人的发展为目的,以面向未来为着眼点的一种新型的价值取向。教育制度的发展性强调以教育的视角来看待事物,强调以人的发展为核心,使教育制度更加科学与合理。制度的发展性追求的是以由物本为标准向以人本为标准的转换,为个体提供适宜其发展的教育,充分考虑个人的兴趣、潜质和主观发展方向,是以人为本的价值向度与以协调发展为核心内容的一种综合价值导向。

发展性理念呈现出一系列重要的实践方向性转变,例如,高等教育由"选拔甄别"的功能转为更加关注"促进人的发展"的功能,强调学生全面发展的价值导向。这反映了教育制度的发展性伦理旨在构建以人为中心的发展目的观,在教育综合治理活动中注重发展过程以人的需要为基础,体现一种教育价值与教育视角。

---

① Tristan McCowan. Expansion without Equity:An Analysis of Current Policy on Access to Higher Education in Brazil [J]. Higher Education,2007,53(5):579-598.

首先，要构建高等教育发展生态，为高等教育公平发展创造良好的外部环境。明确高等教育公平是全社会共同的事业，是全社会共同的责任，没有旁观者和局外人，尽管各自所应尽之责不同，不同教育阶段承担不同的任务和角色，要在全社会的共同努力下实现；要确立有利于高等教育公平发展、有利于人的全面自由发展的教育生态，这不仅仅是教育部门的责任。

其次，要构建科学的教育理念。当前素质教育推进艰难，应试教育仍趋于顽强，千军万马过独木桥的现象虽有所改观，但社会对于高考的关注、父辈对子女上大学的观念也未有大的变化，上重点高校、上名校、上好大学仍是家长的期待。制度的发展性向度在于摒弃把教育看作工具理性的非人性化的发展观，主张构建以人为中心的、适宜学生个性充分自由发展的现代发展理念，以期在教育制度中注入伦理的价值向度。

再次，强调建立发展的教育标准和教育视角，即强调将人的发展作为根本目标，将人的发展作为衡量社会发展的最重要标准，强调发展应是以人为中心的发展。高等教育就是要有意识、有计划地促进人的生命健康、和主动发展。因此，"能否促进并实现人的生命成长和发展"，应该成为评价教育制度是否有效的标准。依据这一尺度，可以提出并回答两个问题：什么样的制度才有利于人的生命健康、主动发展？如何为人的生命健康、主动发展创造制度条件和教育基础？只有能够时时处处带着这样的问题意识，运用这样的眼光和参照系来看待教育的发展问题，①才是真正以人为本的教育制度。

最后，要形成高等教育多样化发展的有效机制，实现高等教育权益自由性和选择性。多样化是植根于高等教育体系的基本属性。伯顿·克拉克认为，如果高等院校各具特色，而不是被呆板地纳入一个大而统的体

---

① 李政涛. 中国社会发展的"教育尺度"与教育基础[J]. 教育研究，2012，33(03)：4-11＋34.

系,高等教育就能够最有效地体现公平精神。同质化、统一化的高等教育并不符合教育自由的理念,也不能确保高等教育公平。自由理念和高等教育公平的重心在于尊重个体的选择,鼓励个体充分开发潜能,最大限度地实现自身的发展。我国高等教育政策应以公民教育权利的实现为宗旨,不断完善现代教育体系,为更多的人提供更多的、不同的高等教育选择机会,逐步形成多层次、多元化、多类型的高等教育结构,实现高等教育功能由选拔向选择过渡,保障高等教育机会的自由选择。衡量我国高等教育机构是否有利于实现高等教育公平的标准,取决于我们能否同时启动大众教育与精英教育两种高等教育体系,并使整个高等教育系统逐步形成在优秀与平等的双重价值之间进行平衡协调的机制——既能坚持基于学生智能的选优政策,又能避免对弱势群体的歧视。这既是在大众化背景下高等教育提高办学效益的必然选择,也是满足广大学生按照个人的资质、条件、兴趣和意愿自由选择接受高等教育的层次、类型和方式的需要,更是实现我国现阶段教育公平的迫切要求。

第三节 制度伦理的实现形式及运作过程

教育制度"伦理"问题的提出,是中国教育发展新形势、新任务对制度建设新要求的体现,是中国教育实现现代治理方式转型的必然,也是当代中国"努力办好人民满意教育"的突破口。作为教育治理的一种有效手段,教育制度凸显落实公共性的重要结合点和落脚点,因此,道德性、正当性、合理性等伦理价值必然成为制度安排和制度设计的应然构成,且是具有基础性和终极价值意义的构成。从实践来看,制度与伦理的融合不是自发的,而是基于制度设计、制度实施与制度评价之上的主动建构过程,这也是制定适宜的教育制度并保持好的运行状态的一个重要实践逻辑。

一、教育制度设计中的"伦理涉入"

制度是价值的"操作化陈述"。[①] 制度建构很大程度上是多元价值的选择过程。伦理价值之于教育制度的作用,就是将制度的实然状态提升到应然状态并实现制度"善"的超越过程。从这个角度而言,教育制度设计的"伦理涉入"是我们逐渐走向制度文明与教育发展追求的根本目标。

首先,制度伦理是教育制度的价值遵循、意义承载与伦理谱系。制度建构包含两方面要素,即技术性要素和价值性要素,分别对应于"优化制度设计"和"完善制度伦理"两个方面,两者之间存在"是"与"应该是"的基本逻辑关系。制度伦理作为人类社会对制度提出的一般道德要求,不仅承载着教育制度的应然价值,也决定了制度建构的根本原则。如果说技术性要素是制度建构的载体,那么价值性要素则是制度发展的基因。不具有合理性和合法性的制度,将阻断或削弱制度的价值功能,注定成为不可持续的制度形式。教育运行所呈现的种种外显形态,实际上是由制度安排所决定的。而制度伦理作为一种价值判断及价值选择,为制度的设计与安排确定了伦理立场与价值态度,决定了制度建设的基调以及利益主体间的责任关系。制度的伦理性源于教育自身的发展实践,现代教育是为全体社会成员发展服务的,这就意味着公平、正义等伦理取向是教育制度的根基,是制度设计的先导,是制度选择的尺度,是隐藏在制度执行、制度评价等流程背后的灵魂。教育制度的伦理性是制度建构过程中的主动体现,只有确定了积极的社会规范和符合社会发展和价值引导,才能保证建构起卓有成效的制度体系。因而,制度的伦理导向构成了制度建构必须要首先明确的"元问题",成为制度设计过程中必须要加以回答的"始源性问题"。

其次,制度伦理问题是教育制度设计与创新的内生变量。教育制度

---

① Smart K,Kogan M. Educational Policy Making:A Study of Interest Groups and Parliament[J]. American Political Science Association,1975,25(1).

的伦理性源于教育的本质属性,同时又在制度的发展中不断凸显。制度伦理虽不是制度设计的决定性因素,但它影响着制度建构的利益格局、意识形态、价值取向等,是制度创新的内生变量和制度发展的自我支撑点,渗透于制度建构的方方面面。诚如诺斯所言,"一个社会的健全的伦理道德准则是使社会稳定、经济制度富有活力的黏合剂"。制度伦理所关涉的价值赋予了教育制度以存在的"意义",使得教育制度具有强制性并得到广大民众的信赖和支持,这归根结底源于对制度伦理的坚守,也是教育制度更好地发挥其公共性的前提。制度伦理是教育制度的基本特质,也是制度变革与创新的内生变量,只有制度所蕴含的伦理价值被多元的社会主体所认可,制度才能取得应有的约束力和执行力,制度创新才有意义。就此而论,制度与伦理的契合程度是制度创新得以真正实现的重要参数;制度伦理的建立和完善,必然有利于降低制度创新的社会成本,进而促进制度创新的顺利完成。当前社会大众对教育政策公平性和公正性的呼声日益强烈,以公共利益为本位的伦理建构必然成为政府部门在制定与实施教育政策过程中所要遵循的价值基础。从这种伦理规范出发,依据这样的价值取向构建更加科学的理论体系,进而设计顶层制度框架及制度内容,扎实推进制度改革与政策创新,是建立井然有序的公共秩序、实现教育制度可持续发展的重要保障。

最后,程序伦理是教育制度建构的过程控制与程序要求。正如英国谚语所说,"正义不仅要实现,而且要以看得见的方式实现。"每一个制度都是价值选择和正式利益分配的过程,不仅要有科学的客观性,还要有明确的规范性。[①] 从制度建构过程来看,程序合理具有某种可见正义的伦理价值。对制度制定程序的公正合理性要求,应该成为制度共同体自觉遵循的"范式";使制度在程序合理的轨道上不断发展,应成为现代社会探索与践行的原则和目标。正如亚里士多德所言,"以正当方式制定的法律应

---

① 任增元,刘元芳.大学潜在制度伦理问题与匡正思考——以"211""985"标准的滥用为例[J].清华大学教育研究,2010(5):43-47.

当具有终极性的最高权威。"①制度建构的过程和制度调整的手段必须体现程序正义这一制度伦理要求。所谓程序正义,就是在制度制定过程中遵循程序参与、程序中立、程序对等及程序自治原则,公平对待不同的甚至是相互对抗的价值诉求和利益主张,以"看得见的方式实现的正义",使制度更具权威性和信服力。程序正义以实现实体公正为旨趣,在教育制度建构的过程中遵循程序正义理念,不仅保障了制度制定过程在理性、正当的程序中运行,而且有助于规范权力、保护权利、彰显民主、维持秩序及防范风险。当前,教育制度的建构过程仍存在着程序伦理疏离的困境,并导致了政府的一元意志与社会各个阶层的多元诉求之间的矛盾。因此,应落实程序伦理的理念,防止决策主体的行为偏好、决策过程的权力寻租和决策话语权的旁落,保障各参与决策主体的平等地位、平等话语权,保障制度选择过程的公开透明,以持续推进制度的公正合理性的实现。

二、教育制度运行中的"伦理自觉"

正如马克思所言:哲学家只是用不同的方式解释世界,而重要的在于改造世界。制度活动的最终目的是贯彻落实并付诸实践,从而规范和调节整个社会关系或者共同体活动。教育制度的运行过程是一个蕴含主观能动和价值判断的过程,需要教育活动主体能够自觉地履行制度伦理规范并将其作为个体行为选择、调控和评价的内在依据。

首先,教育制度的广泛认同需要伦理自觉。制度的存在与制度的意识是两个不同的范畴,后者是对前者的自觉意识与把握,是前者在观念中的存在。② 一项教育制度只有被人们自觉意识、广泛认同,才能有效地发挥整合与规范作用,否则再好的制度也只能是一纸空文。制度认同是行为者在对制度规范的认知性期待和规范性期待实现统一基础上的实践证

---

① 亚里士多德.政治学[M].秦典,译.北京:中国人民大学出版社,2003:12.
② 高兆明.制度伦理研究——一种宪政正义的理解[M].北京:商务印书馆,2011:21.

成过程,①从行为者的角度看,制度要得到人们的认可与肯定,首先要保证制度本身经过了善的诘问,能够代表社会公共利益,符合制度伦理的要求,保证公共权力在阳光下履行,遏制政府在公共教育服务中的官僚主义和权力寻租等行为。② 只有这样,人们才能自觉地理解制度、遵从制度、维护制度,并共同推动制度向纵深发展。另外,从行为主体而言,制度能否获得价值认同,是建立在制度的规范性品性是否契合行为者价值需求、是否符合自身利益诉求以及是否自愿认同相关责任判断的基础之上的。制度主体是在复杂的社会环境中形成的,对制度的诉求有着诸多差异性,需要一种"伦理自觉"来最大限度地权衡各方的利益诉求,包容不同利益主体的平等权益,保障弱势群体的合法地位,以实现通过制度增进更多数人正义的目标。可见,制度认同之根基,不仅在于制度本身的公正性、合理性等价值属性,还在于制度下的人的内在伦理自觉,这种伦理自觉是"关于人的生活方式与生活态度合理性的稳定的共享性社会精神,它潜藏于人们的内心深处,流化为日常思维习惯,固化为生活行为习惯,并成为人们存在意义与行为选择的价值根据。"③伦理自觉促进了人们的制度认同,成为制度运行的重要前提和社会基础。

其次,教育制度的有效运行需要伦理自觉。实践价值是教育制度的"生命之维",制度的主要职能就体现于将制度内容转变为现实活动的过程,缺少了制度执行与落实环节,制度就成为一纸空文、形同虚设。然而制度实践价值的生成并不是自发的,它需要依托特定的转化机制并寻求文化环境的支持。制度有效运行既受制度建构的科学性、明晰性及可行性的制约,也离不开主体条件的需求、能力和价值因素的内在驱动。④ 教育制度实践价值的生成,关键取决于作为制度运行主体的实践者的主观

---

① 王结发.制度认同与政治合法性[J].行政与法,2014(5):7-13.

② 李子彦.教育中介组织参与公共教育治理:功用、困境与路径[J].黑龙江高教研究,2017(3):44-49.

③ 高兆明.制度伦理研究——一种宪政正义的理解[M].北京:商务印书馆,2011:36.

④ 徐海娇,柳海民.教育理论实践价值的限度及其生成[J].中国教育学刊,2017(03):29-34.

认识、价值信念和行动方式。因此,加强担当制度落实责任的政府机关及其行政人员自身伦理建设尤为重要。政府和职能部门面临着依法治教、民主治理、科学决策的重任,加强行政伦理建设是重中之重。行政伦理建设具有方向性和主导性的作用,是教育治理模式改革的价值导向。教育制度的有效运行必须寻求行政伦理的支持,依托道德自律和制度他律的双重规范来维持教育发展的正常秩序,既要实现程序正义,也要保证行动者个体的正义。尽管制度具有强制性,但由于制度的制定者和实施者之间难免存在冲突和博弈,执行不力仍然是制度落实中较为突出的问题。目前,我国的一些教育法规和政策文件,缺乏强有力的责任落实和追究机制。在缺乏有效监督和问责机制的情况下,许多教育政策难以真正落实,加之教育工作具有涉及面广、周期长、环节多等特点,因此,加强政府机关及相关职能部门自身行政伦理建设,优化和完善制度伦理规范,就成为教育制度和政策措施有效落实的应有之义。

最后,教育制度运行风险防范需要伦理自觉。风险社会理论认为,风险根植于现代社会的制度之中,当代社会风险实质是一种制度性的风险,是现代性制度变异过程中的产物。[①] 即使我们能够在制度设计方面实现价值正确、结构完整、目标与方案的匹配,但在制度运行过程中仍存在着由于预期的功能发生偏差而产生的不可预测性和不可控制性,这就是制度风险。制度运行要多考虑制度可能出现的风险和危机。制度的有效运行需要伦理自觉,需要依据制度环境的现实性来确定实现此制度的方式和态度。一方面,制度伦理是规避"制度真空"的重要手段,保证制度执行过程中主体"不缺位"。制度体系不严密、相关配套制度的缺失,导致制度冲突,甚至可能出现制度真空的现象,这同样会使制度运行中有空子可钻,使制度问题难以解决。制度运行需要发挥道德约束与制度规范的双重作用,引导制度主体行为,遵循特定的价值规范积极地去履行自己的职

---

① 伍宸,洪成文.异地高考制度风险分析及规避机制研究[J].清华大学教育研究,2013(3):102-107.

责,使制度执行朝着有利于制度落实的方向发展。另一方面,制度伦理有利于建构主体理性,保证制度执行过程中主体"不越位"。强调政府作为制度执行主体,应加强行政伦理规范建设,实现行为方式、方法及手段的合法性,要在国家相应的法律授权下,严格按照制度程序与政策要求依法执行,不能超越制度法规的规定滥用权力做超越职权范围的事。在现实的教育治理中,制度失灵、制度异化的情况经常出现,加强行政主体的伦理自觉,以规避制度风险,从而推进制度目标的顺利实现。

三、教育制度评价中的"伦理导向"

任何制度都有一个从创制、实施到评价的循环反复过程。我国现代教育制度体系仍在生成和塑造的过程中,需要在制度评价中"以问题为导向"不断优化制度设计。我们认为,在教育制度评价中的程序、维度和评价标准都需要而且应该尊重并体现民主性、公正性以及教育的人文价值。也就是说,教育制度的评价需要"伦理导向"。

首先,正当性与证成性是制度评价的基本维度。教育制度评价并非价值取向的自由无涉,制度评价的结果在很大程度上取决于评估主体实际遵从何种价值态度和采取何种制度理解。制度评价本质上是对制度价值的评价,而正当性与证成性是学术界对制度进行价值评价的两个基本维度,也彰显和印证了"制度伦理"对制度建构的深切观照,以及将制度伦理用于制度评价的合理性和必然性。美国哲学家西蒙斯最先对制度的正当性与证成性进行了区分。所谓正当性,关乎的是制度的产生方式,就是任何制度的正当性都必须经由合法的、民主的程序获得;所谓证成性,是指制度本身具备的那些良好品质,如公平正义、稳定持久等。正当性与证成性分别从"发生的进路"和"目的的进路"出发来评价制度的效用和价值。通过"正当性"实现程序正义,形成制度认同和制度生命力;通过"证成性"优化制度设计,激发制度效力和制度活力。正如罗尔斯所言"正义是社会制度的首要美德,正像真理是思想体系的首要美德一样。一个理论，无论多么精致和简洁，只要它不真实，就必须予以拒斥或修正；同样地，各种法律和制度，无论多么有效率和有条理，只要它们不正义，就必须予以改革或废除。"①教育制度不仅应当追求事实上的正义性、稳定性以及现实有效性，而且应当追求程序和规范上的民主性、正当性。然而，从制度评价的角度来看，证成性与正当性互为表里，具有不可或缺性，二者虽然密切关联，但是制度的证成性并不能推出正当性，同理，制度的正当性也不必然蕴含证成性。就好比"民主程序不能必然保证结果的合理性"。因此，制度评价应既强调民主程序的约束力，也强调制度的内在品格，通过证成性与正当性有机统一，实现制度评价的伦理价值回归。

其次，建构主义和程序正义是制度评价的实践理性。以往的教育制度评价存在严重的管理主义倾向，忽视价值的多元性，过分强调科学范式。随着政策评估模式的发展，现代教育制度评价强调建构主义评估范式，重视回应政策利益相关者的观点表达，在互动与协商中完成评估。②在建构主义范式下，教育制度评价是一个理性的建构过程，评价主体的角色存在从控制到参与的转换过程，即调整为建构者和协调者，通过与利益相关者的反复论证、批判及分析过程，在合理的评价程序基础上，客观有效地衡量制度效果，形成对制度问题的共识并最终完成制度评估。制度评价的实践理性，实质上是一种向善原则，不仅关涉"应当做什么"与"应当如何做"，而且需要评价制度过程"是否符合他人或社会公共利益，是否符合社会行为规范等正当与否、善恶与否"。③具体来说，制度评价的实践理性和程序正义主要体现在三个方面：第一，评价机构要具有独立地位并保持中立的态度，特别是独立于制度执行主体单独设立，这是制度评价科

---

① 罗尔斯.正义论[M].何怀宏,何包钢,廖申白,译.北京:中国社会科学出版社,2017:3,54-55,5,250,251,12,3-4,302.

② 杜文静,葛新斌.西方教育政策评估模式的演进及其启示[J].清华大学教育研究,2017(2):90-94.

③ 杜文静,葛新斌.西方教育政策评估模式的演进及其启示[J].清华大学教育研究,2017(2):90-94.

学性的重要保证;第二,要建立多主体的评价参与机制,要从程序上保障利益相关者、公共组织和公众代表意见表达渠道的畅通和组织建制的合法化,这是制度评价参与性和民主化的重要体现;第三,制度评估过程要公正透明,要注重社会舆论的收集与分析,保证少数意见者发表其观点的权利,这是确保评价结果严谨性和公正性的重要保证。总之,制度评价需要从价值理性上升到实践理性,这样才能更为全面地对教育制度的实际效应做出尽可能客观的评估,并能经得起实践的检验。

最后,教育尺度应成为教育制度评价的根本性标准。教育制度建构现状呼唤制度伦理的合理性审视。当前,制度审视有"政治尺度""经济尺度""文化尺度"等不同标准,但教育尺度是判断当前教育制度运行状态的基本维度,也是教育制度评价的根本性伦理要求。"教育尺度"理念的提出,最早可以追溯到 2011 年 6 月叶澜教授在"当代中国社会的教育基础及其改造"研讨会上的发言。随后,一批学者通过一系列新观点、新构想的解读,进一步丰富和拓展了教育尺度的概念内涵。所谓"教育尺度",就是一种以教育立场的眼光和视角来衡量世间万事万物的基本参照系和评价标准。教育尺度的形成源于教育的任务和使命,它的主旋律是以"能否促进并实现人的生命成长和发展"为标准的"教育价值"回归,贯穿其中的主线就是"以人为本"的伦理原则和"全面发展"的观念和信念。诉诸教育尺度的教育制度评价必须满足两个标准:在制度设计上要以人为中心并促进人的生命健康、主动发展;在制度实施中要以更全面的视野、最大限度为人的成长创造条件和基础。教育尺度的眼光和参照系有其自身的独特性,更好地体现了制度的规范性要求和正当性标准的有效融合。就制度评价而言,经济尺度就是用"工具性"眼光来看待教育过程和人才培养,认为最好的制度能够有效实现教育的规模性、效益性和市场化。与之相比,教育尺度不是手段而是目的,它要求一切制度都指向人的生命成长,[①]

---

① 李政涛.中国社会发展的"教育尺度"与教育基础[J].教育研究,2012(3):4-11.

并进一步将伦理价值融入教育制度,确立和强化教育中"人"的核心价值,确保在对制度的各种考量和评价中,人的教育权利和发展权利具有价值优先性。

第三章

制度规范:高等教育公平的
制度伦理维度

>>>

　　制度伦理问题历来是西方制度研究的重要主题之一。从古希腊到当代的众多西方哲学家或政治学家对制度德性、制度正义、制度正当性等问题进行了广泛而深入的研究。制度伦理实际上不是虚玄的,它也像法律、道德一样,是为制度提供标准和指明方向的规范,不过不是普通的规范,而是高层次伦理规范。[①] 制度伦理主要探讨制度的基本价值问题,即关于把公正性、合理性和道德性等社会伦理和价值原则以"制度规范"的形式展现,将抽象的道德规范与具体制度相结合,使其成为普遍的、现实的制度规范和约束力量。[②] 既然制度伦理主要诠释伦理、道德、价值的制度化问题,那么如何在逻辑上将抽象的制度伦理与制度规范体系相结合,如何建立一个合乎公正、正义的制度,给制度以道德的约束,这是一个具有难度的课题。因此,学术界也将制度伦理作为一种方法论来看待,将其诠释为"制度的伦理评价",即制度本身是否合乎公正、正义的伦理原则问题。在全面深化改革的现代社会,呼唤着自由、平等、公正等社会主义核心价

---

① 周旺生.论作为高层次伦理规范的正义[J].法学论坛,2003(4):29-38.
② 方军.制度伦理与制度创新[J].中国社会科学,1997(3):54-66.

值观,对于制度伦理的自由、平等、公正等价值考量,实实在在提高人民福祉,应成为当前制度建构的重要内容。

第一节　制度伦理的维度及历史阐释

在漫长的历史长河中,人们根据对制度价值的不同认识和理解,形成了不同的制度伦理观,从而产生了根植于不同制度文化的制度伦理思想。在形形色色的制度伦理思想中,古希腊正义论思想、罗尔斯分配正义思想、马克思人本思想等影响尤为深远,这些理论分别代表了不同的制度伦理价值,并成为我们研究高等教育机会公平问题的理论基础、价值依据和逻辑起点。

一、古希腊正义论者的制度伦理思想:公正伦理的思想源泉

众所周知,公平问题、正义问题历来是西方社会发展思想的基本的思想主题和古老的价值理念,在人类历史上源远流长。从古希腊开始,公平与正义就已经作为古代政治哲学和道德哲学的中心议题,不绝如缕地出现在这个时代的思想学说与典籍之中。

柏拉图是古希腊时期最早探讨公正问题的思想家,其正义论的实质属于"分工正义理论"范畴,这也成为西方自古至今各种正义理论的思想渊源。柏拉图在《理想国》中谈论"正义"时提道:"正义是诸善之中最高的善",并将其作为国家治理过程中的一个最重要品质。柏拉图对于正义的理解是有其阶级局限性的,他把国家公民分为统治者、辅助者两个阶级以及普通生产者、军人、统治者三个不同的群体,并向人们展示出理想的"公正的国家"井然有序的状态,即实现"不同社会角色各司其职、不同阶级各安其位,不同群体各得其所"。由此可见,柏拉图把正义的内涵理解为不同人之间"各得其所应得"的一种分配秩序,实现社会不同阶级之间各尽

其能、各就其位、分工合作、各得其所就是国家的正义。从柏拉图思想体系的整体构思中可以发现,其对公平正义标准的理解旨在追求一种狭隘的阶级内部的平等,其理论体系不涉及超越阶级属性的自由意志,也无法根本实现阶级之间的相互沟通,正如布莱恩·巴里所说,"在柏拉图时代,任何正义理论的核心问题都是对于人与人之间不平等关系的辩护"。[①]

亚里士多德在继承和延续柏拉图的正义论思想的基础上提出其正义理论,并强调了现实社会中人的实际情况以及制度的作用。亚里士多德的突出贡献在于对"何为正义"进行了系统思考,并对"如何实现正义"进行了理论探索。在正义的内涵方面,亚里士多德认为,"所谓正义,是一切德性的总汇,是最完全的德性"。在亚里士多德看来,正义性价值既要维护共同利益,又要维护个人应得利益。应得利益是具体的,存在一定的限度,超过了限度便是不正义,人不应该不义地多得。在正义的实现方面,亚里士多德对机会、物质、利益关系的分配正义进行了界定与划分,具体包括分配正义、矫正正义与交换正义三个方面,这为在社会分配的现实领域和复杂环境中如何落实"应得原则"提供了理论依据。分配正义是通过数量平等或比例平等两种分配形式实现"各得其所应得的正义";矫正正义是通过对违法者采取惩罚的方式对利得进行矫正,实现"各失其所应失的正义",以维护守法者或受害者的利益;交换正义是指在社会交换活动中秉承自愿、平等、互惠、等价的标准实现"各取所需的正义"。在亚里士多德看来,正义的维护只能通过政治法律制度来实现,"城邦以正义为原则,由正义衍生的礼法,可凭以判断是非曲直,正义恰是树立社会秩序的基础"。亚里士多德还首次对制度设置提出了程序性要求,即"以正当方式制定的法律应当具有终极性的最高权威"。[②] 另外,亚里士多德对机会公平也做了阐述,即"平等地对待平等的,不平等地对待不平等的。"在教育领域的各种利益关系的分配中,也存在着各种程度不同的差别。无差

---

① 布莱恩·巴里.正义诸理论[M].孙晓春,曹海军,译.长春:吉林人民出版社,2004:3.
② 赵晔,钱继磊.财政政策的伦理分析——基于程序正义的维度[J].地方财政研究,2012(9):30-36.

别的教育公平旨在实现教育机会共享,从总体上来说就是保障每个受教育者平等的教育权利和大致相同的基本教育机会;同时,教育公平也存在着差别机会的尊重,即受教育者之间的教育机会不可能绝对平等。亚里士多德关于公正性价值的论述对西方哲学产生了深远的影响。

二、罗尔斯分配正义的制度伦理思想:包容价值的现代逻辑

罗尔斯作为现代自由主义学派的创始人,提出了体现社会包容价值的公平正义思想,根据社会条件、时代需要探讨了具体的正义原则、规则等方面内容。罗尔斯的分配正义思想体现了平等原则和差别原则的结合,这种正义实质上是对于权利、机会、收入和财富等合理分配的一种制度保障。罗尔斯认为,制度正义就是能够以"善"的原则保障分配的公平,其中差别原则是制度体系中的一个重要价值。差别原则关注的是社会中"最不利者"这一群体,这也是制度伦理中包容性价值的重要体现。

首先,分配正义以"社会基本结构"为出发点,强调了制度正义的重要性。罗尔斯在《正义论》开篇即提出,"正义是社会制度的首要美德……制度如果是不正义的,无论多么有效,也必然会为人们的改革所废除。"[①]罗尔斯以"无知之幕"的假设作为踏入正义问题的入口,并引入了"社会基本结构"这一概念范畴。"社会的基本结构是政治制度与社会制度相互融合而成的一种社会合作体系。"[②]社会基本结构决定了权利、义务、利益关系等的分配和调节方式,因而成为社会分配正义的首要议题。由于制度是一种"公开的规范体系,这些规范指定了某些权利、义务、权力、豁免等",[③]从而成为社会利益关系最有效的分配和调节手段。因此,公平正义的主要问题,实质上是权利与义务关系问题以及社会利益关系的基本分配问

---

① 罗尔斯.正义论[M].何怀宏,何包钢,廖申白,译.北京:中国社会科学出版社,2017:3.
② 罗尔斯.正义论[M].何怀宏,何包钢,廖申白,译.北京:中国社会科学出版社,2017:54-55.
③ 罗尔斯.正义论[M].何怀宏,何包钢,廖申白,译.北京:中国社会科学出版社,2017:5.

题,并最终归结于社会制度的合理化问题。① 罗尔斯分配正义思想的一个显著特征是将社会基本结构作为分析主题。② 作为公平的正义应首先关注社会基本结构的不平等,"即使在秩序良好的社会里,我们人生深受社会偶然性、自然偶然性、幸运偶然性的影响"。③ "如果我们忽视偶然的不平等作用,随之自由发挥,而未能建立起正义的规则",④那么就无法建立公平正义的社会制度体系。对于社会制度而言,某些基本的制度伦理和价值精神是不能回避的,"必须不仅建立在社会基本结构的基础上,而且建立在偶然性和各种不平等性基础上",⑤因此,社会制度的选择就涉及某些"基本善"以及实现它的制度方式问题。

其次,以平等原则和差异原则构建了社会正义的规则体系,体现了分配正义的复合价值与包容性原则。罗尔斯明确区分了公平与正义两个概念,其所提出的"作为公平的正义"的核心是希望经由一种公平的缔约程序来获致某种正义的契约结果,并体现了形式正义与实质正义两个哲学范畴的统一。形式正义着眼于程序的正义性和手段的正义性,即严格按照制度规定办事,保障制度的一贯执行;实质正义着眼于内容的正义性和目的的正义性,即指制度本身必须符合的正义价值、符合人的诉求以及符合公正的理想。⑥ 形式正义与实质正义对应罗尔斯的两个正义原则,"第一个原则要求权利和义务的平等分配;第二个原则认为社会和经济的不平等只要其结果能给每一个人,尤其是最少受惠成员带来补偿利益,就是正义的。"⑦罗尔斯提到的这两个正义原则又被称为"平等自由原则"(第一个原则)和"不平等的自由原则"(第二个原则),其中,平等自由原则旨在

① 罗尔斯.正义论[M].何怀宏,何包钢,廖申白,译.北京:中国社会科学出版社,2017:250.
② 罗尔斯.正义论[M].何怀宏,何包钢,廖申白,译.北京:中国社会科学出版社,2017:251.
③ 罗尔斯.作为公平的正义——正义新论[M].姚大志,译.上海:三联书店出版社,2002:17-18.
④ 罗尔斯.正义论[M].何怀宏,何包钢,廖申白,译.北京:中国社会科学出版社,2017:12.
⑤ 罗尔斯.正义论[M].何怀宏,何包钢,廖申白,译.北京:中国社会科学出版社,2017:3-4.
⑥ 何建华.马克思与罗尔斯的公平正义观:比较及启示[J].伦理学研究,2011(5):30-35.
⑦ 罗尔斯.正义论[M].何怀宏,何包钢,廖申白,译.北京:中国社会科学出版社,2017:12.

实现社会权利、义务、自由的分配问题;不平等的自由原则旨在处理社会和经济的不平等问题,它又包括了"机会平等原则"和"差别原则"两个子原则。也就是说,罗尔斯的分配正义思想实际上包含三个原则,"平等自由原则"和"机会平等原则"体现了一种形式正义,而"差别原则"旨在解决实质正义问题。罗尔斯基于这三个原则旨在实现社会制度的重新设计以及"权利—义务"关系的合理分配。他的理论特色和主要贡献在于明确提出"差别原则"并给予系统论证,从最不利者的视角去看待社会地位和经济利益方面的不平等,并提出了补偿性条件和"善"的举措,旨在维护社会制度的正义性。

最后,社会公平需要公正的社会基本结构,明确了包容性价值在制度体系中的重要作用。罗尔斯主张起点平等和有限的结果平等,并在此基础上建立"差别原则",主张从最少受惠者的利益出发调节社会各种利益关系的分配方式,给社会弱势群体和社会竞争中"最不利群体"政策倾斜和补偿性举措,实现社会制度的"基本善"。罗尔斯在承认社会上存在着起点不平等的基础上,试图以差别原则和各种补偿性举措实现从不平等中寻求相对平等,最大限度地实现社会公平。这种包容性价值已成为罗尔斯分配正义思想的代表性观点和思想体系的特色。按照罗尔斯的观点,权利和机会应该平等分配,但由于受到社会条件和个体命运的限制,绝对的平等是不可能完全实现的。这就需要差别化的、补偿性的、包容性的社会制度安排,即做到任何不平等的分配都适用于"最少受惠者"的最大利益,最大限度地实现对结果不平等的限制。按照罗尔斯的观点,高等教育制度的公正性不仅体现在保障学生平等的受教育权利和实现发展的可能性,也体现在对于教育弱势群体予以必要帮助等方面。通过各种补偿性举措保障每一个社会成员的基本教育权利,切实保证教育公平的制度伦理价值得以贯彻。

罗尔斯的制度伦理思想反映了对社会不同群体发展诉求的普遍尊重,他基于多元、复杂的社会背景,试图通过制度规范的建构来保障机会平等,通过纯粹的程序正义来实现制度伦理的公正性追求,这实际上是对社会制度的一种包容性价值的自觉反应,是运用制度伦理的思维框架去解构社会实践问题。另外,罗尔斯还论证了"教育英才主义"的有关问题,社会、经济等方面的不平等造成的"教育差别只有在对整个国家有利时才是正当的""英才获得优越的教育机会……利用他们的天赋才能,可以去帮助不幸运的人们。"①当然,这种通过理想证成的教育公平是非系统的,缺乏历史性依据与现实性支撑。

三、马克思人本思想的制度伦理反思:发展理念的逻辑超越

不同于自由主义学者对于制度正义的解释方式,马克思是在总体性视域阐发人类社会辩证关系的维度中介入正义论题的,这决定了马克思所言之正义并非单向度的价值原则,而是包含了多层次的规范性概念。②马克思对"公平正义"的理解已超越了现代正义理论的问题域,旨在通过社会的革命和系统的建构谋求人类的解放,并朝着"人的全面自由发展"的最高目标前进。马克思的正义思想是在对其现代社会的批判语境中进行重新释义的,主要呈现为一个包括"权利原则""贡献原则"以及"需要原则"三个方面的价值意蕴。

首先,权利原则关涉个人所有权及其实现,属于现实性正义的价值范畴。对马克思"正义思想"的挖掘需要与马克思对于权利的理解以及权利实现的逻辑保持一致。马克思在《论犹太人问题》中指出,"所谓权利……无非包括了利己的人的权利、同其他人及共同体分离开来的人的权利。"③但在资本主义生产关系下,人与人之间的权利存在着实际的不平等,人们因出身、等级、财产的差异而各有不同。因此,权利原则需要以现实的社

---

① 约翰·S.布鲁贝克.高等教育哲学[M].王承绪,郑继伟,张维平,等,译.杭州:浙江大学出版社,1987:2,70.

② 李佃来.马克思正义思想的三重意蕴[J].中国社会科学,2014(3):5-16.

③ 中共中央马克思恩格斯列宁斯大林著作编译局.马克思恩格斯全集(第19卷)[M].北京:人民出版社,1965:40.

会生产关系为基础分析深层社会现实中的具体问题。在不同的历史时期、特定的社会阶段和不同的社会阶级中,"这种平等的权利,对不同等的劳动来说是不平等的。"①因此,"权利,就它的本性来讲,只在于使用同一的尺度;但是不同等的个人要用同一的尺度去计量,就只有从同一个角度去看待他们,从一个特定的方面去对待他。"②这种对于权利原则的分析范式和权利平等的解释框架意在说明权利平等的局限性,即不存在超出社会经济结构的权利,也不存在经济结构制约下的权利平等。每个劳动者的阶级背景、经济条件、资源境况不同,即使天赋与才能极其相似,也很难得到均等的结果。这是社会生产力不发达、生产关系不合理、物资资源不充分背景下必须面对的社会现实。因此,马克思以阶级分析的立场,肯定了与正义相关的权利平等原则,既为高等教育机会公平的研究提供了理论支点和重要基础,又彰显了其公平理论的基础性价值。

其次,贡献原则关涉分配正义的实现,是正义问题的一个重要的分析维度。马克思确认了在特定历史条件下,每个人都应当得到他所应得的,也由此引出了贡献原则、分配正义的可能性等问题。贡献原则几乎构成了所有分配正义理论的一个黄金法则和重叠共识,但马克思以"正义的超越性来审视正义的现实性"的独特路径来看待贡献原则,因此呈现出肯定与批评之间的双重判断。在某些历史条件下,按劳分配的贡献原则成为体现公平与公正价值的最佳分配标准;但人的本质是作为一切社会关系的总和,人与人之间的公平分配也必然是上层建筑的一个构件,受到现实的社会条件与经济基础的制约。那么,"不同等的个人"由于阶级背景、经济条件、社会特权等的差异存在,遵循贡献原则的分配方式必然导致分配结果的实质性不平等。资本主义社会中存在着普遍的"异化"和普遍的

---

① 中共中央马克思恩格斯列宁斯大林著作编译局.马克思恩格斯选集(第3卷)[M].北京:人民出版社,1995:304-305.

② 中共中央马克思恩格斯列宁斯大林著作编译局.马克思恩格斯全集(第19卷)[M].北京:人民出版社,1965:22.

"不公正",所谓的贡献原则与"按劳分配"只是追求了形式上的平等而已。因此,贡献原则相对于理想化的公平公正具有暂时性和相对性,只能作为一个阶段性的评判标准。"社会的公平或不公平,只能用一种科学来断定,那就是研究生产和交换的物质事实的科学——政治经济学。"①这反映了马克思将社会公正的思维视野推进到了社会关系领域,这也决定了马克思主义正义观不仅是一种理论解释和抽象描述,还具有引导社会发展的规范性力量。

最后,需要原则关涉人的自我实现,属于超越性正义的价值范畴。马克思主义制度伦理思想是一个存在着巨大张力的复杂体系,其中不仅限于权利、义务、贡献等关系,而是指向了一种更为宽泛的超越性含义,即关联着"自由发展""自主发展"的理念。在这些不同价值中,正义恰是能够将诸多不同价值联络起来的一种共通性价值。马克思对于"正义"的理解旨在探讨自由与权利的实现过程及其辩证关系。它通过承接自由,实现对权利的扬弃;通过与权利的联结实现对自由的增进,并将最终的目标指向了人的自我实现。正如马克思所说,"每个人的自由发展是一切人的自由发展的条件",②这种关于"人的主体地位"的主张已成为社会公平的一种基本价值,而强调人的"自由发展"也成为制度正义的一个远景目标,并拓展成为一种现代制度体系的伦理规范。马克思主义基于人的个性发展、自由发展、主动发展这一基本点,从多角度、众方面给予个体以发现本质需要、认识自己独特性、开发自己潜质的全面发展机会,③把人的自由全面发展作为社会发展的最高目的,将"需要原则"作为对人的终极关怀,把"按需分配"作为社会公平公正的最根本特征。"在共产主义社会高级阶段,在迫使个人奴隶般地服从分工的情形已经消失,从而脑力劳动与体力

---

① 中共中央马克思恩格斯列宁斯大林著作编译局. 马克思恩格斯全集(第19卷)[M]. 北京:人民出版社,1965:125.

② 中共中央马克思恩格斯列宁斯大林著作编译局. 马克思恩格斯选集(第1卷)[M]. 北京:人民出版社,2012:777.

③ 谌林. 马克思对正义观的制度前提批判[J]. 中国社会科学,2014(3):17-30.

劳动的对立消失之后;在劳动已经不仅仅是谋生手段,而且本身成了生活的第一需要之后……社会才能在自己的旗帜上写上:各尽所能,按需分配"。① 马克思主义自由全面发展学说正是基于需要原则,充分尊重个体发展的独特性与发展潜质,实现人的自由、和谐、主动、全面发展的根本宗旨;而与此相对的"片面发展"只能是一种异化的发展、刚性的发展、畸形的发展,它使人更加受到限制,不能展现个体成长的全部本质,更无法实现社会公平的终极价值。 在教育机会分配这一过程中,依照需要原则实现个人全面发展、自主发展的高阶目标还需要相当漫长的教育积累和发展过程,以贡献原则乃至权利原则对教育机会进行制度性的调节,当然也就不失为保障高等教育公平的现实方案。

由上简述,我们可以看出,历史上不同时期的制度伦理思想以不同的方式阐明了如何达成公平正义目标的问题。 对他们来说,关于权利平等、分配公平、自我解放等问题,是公平与正义这一个主题的不同方面。 制度伦理学的发展史可以说是探索、践行、增进社会公平与正义的发展史,从古希腊正义论思想、罗尔斯的分配正义思想到马克思人本思想等都体现了这一点。 同时,公平与正义又是有着丰富内涵的问题,不同的历史阶段对这个问题进行着不懈的探索,但对其理解和践行的方案各有差异。 现代意义上的公平具有一种多元性特征,我们对何为公平以及公平的判断标准不应具有唯一且永恒不变的答案,这种不同的公平观对我们理解高等教育公平具有重要意义。

第二节　高等教育公平的制度伦理规范

教育是遵循一定社会规则的制度性实践活动,教育运行需要制度来

---

① 中共中央马克思恩格斯列宁斯大林著作编译局.马克思恩格斯全集(第 19 卷)[M].北京:人民出版社,1965:40,22,125,22.

维持,教育权利的实现、教育机会的分配也离不开制度的规范约束作用。教育制度构成了教育改革、发展的现实空间,教育制度的建构不仅要遵循社会规律、教育规律,也要遵循一定的制度伦理价值。从历史来看,好的制度可以引导高等教育步入公平发展的轨道,坏的制度会造成教育活动的异化,不利于教育权益的实现,甚至滋生各种教育利益关系的冲突,从而导致各种社会问题。因此,教育制度是教育公平发展的基础,对其进行必要的检视是保障其价值理性、工具理性得以实现的重要条件。通过对不同流派的制度伦理思想进行总结和评析,确立教育制度伦理的基本价值。

一、教育制度的公正性维度

公正是伦理学的基本范畴,是合理社会秩序的基本原则和价值规范,也是教育制度的重要维度。正如罗尔斯在《正义论》的开篇所说,"正义是社会制度的首要价值,正如真理是思想体系首要价值一样。"随着高等教育的不断发展,人们对教育制度的设计也寄予越来越高的期望,即通过公正原则确保社会各个成员的教育权利与机会的公平合理的分配,更好地发挥教育制度的约束调节功能。

第一,公正性价值体现为一种权利的平等,即保障公民享有的基本教育权益、教育机会及教育资源,这是其平等性来源。平等权是公民的一项基本权利,我国宪法赋予公民在法律面前一律平等。权利平等对于高等教育公平而言,重点在于通过正义的制度安排,保障个体以平等的资格和身份参与高等教育活动,平等地享受高等教育权利,不论阶层、贫富、民族、性别、户籍以及经济状况如何,均享有平等的法律地位,均有权平等地参加高等教育竞争,享受《中华人民共和国高等教育法》上的权利并承担相应的义务。权利平等所维护的是对所有学生能够"一视同仁""不偏袒性"和"非歧视性",注重招生考试和录取过程的公平和公正性,这是高等教育作为"选拔人才"的一个平台所应具备的公平,是高考应当维护也必须维护的公平。

第二，公正性价值体现为一种价值判断，内含一定的价值标准问题。习近平在党的十八届三中全会第二次全体会议上的讲话中指出："在不同发展水平上，在不同历史时期，不同思想认识的人，不同阶层的人，对社会公平正义的认识和诉求也会不同。"①这意味着，公正性价值首先是一种观念和意识形态，是一种关于社会分配的认识、意识，是人们关于利益如何分配的诉求和向往，是一种社会价值观。② 高等教育公平就一般意义而言，也应该体现为事实判断和价值判断的有机统一。所谓事实判断，它强调高等教育公平的现状，具有客观性；所谓价值判断，它强调人们对于高等教育公平的一种主观感受，具有主观性。作为一种价值范畴，高等教育公平必然内含一定的价值标准问题。它反映了人们从某种特定的标准出发，在主观上对"应得"与"实得"是否相符的一种评价及体验。③ 一般而言，正义也总是意味着人们"得其所应得，所得即应得"，而不应当失之所应得，社会公正要求所有的社会价值应当在人与人之间都是平等地享有，"保证人民平等参与、平等发展权利"，这是公平感知的一种合理性来源。同时，作为一种价值范畴，高等教育公平具有时代性、历史性、相对性，受到社会历史条件和社会发展水平的影响。不同的人对于高等教育公平有着不同的思想认识，不同群体有着不同的高等教育公平诉求，不同的国家对于高等教育公平的问题也呈现出不同的特点。

第三，公正性价值体现为公开透明的规则体系。单纯的公正性价值观念还不能解决高等教育公平问题，必须把公正性制度伦理作为制度建构的核心价值观并进一步转化为指导和规约教育实践中的原则和规范，进而再将公平原则和规范制度化，用以指导和规范政策的设计以及教育分配的制度安排。这样做的目的就是，通过正义的制度安排，社会中具有

①　习近平.习近平谈治国理政(第1卷)[M].北京:外文出版社,2018.
②　贾中海,祁靖贻.习近平公平正义思想研究[J].理论探讨,2018(5):27-32＋2.
③　张善鑫.公平感:教育公平的深度价值追求[J].当代教育与文化,2017(2):10-13.

相同禀赋的人，能够不受社会出身的影响，增加他们平等受教育及平等获得社会资源的机会，从而为人们提供一个平等的出发点。规则平等强调利益分配过程的公开透明，排除偶然因素及其他社会因素的影响，给予过程中的参与者同等机会与同等权益，从而使有相同动机与相同能力禀赋的人，不会因其社会偶然因素（家庭出身、社会阶层、家庭经济收入水平状况等影响受教育机会的因素）而受到影响与妨碍。当然，对于高等教育公平而言，"规则公平"的影响因素还涉及教育制度作用的社会大环境，如根深蒂固的"人情"社会、弄虚作假的社会风气以及有效监督机制的严重缺失等。因此，需要调动社会各方面力量，竭力消除徇私舞弊、托关系、走后门的可能性，加快建立监督机制，逐渐改善社会风气，不断提升民众观念等，通过综合施策保证高等教育公平制度的逐步完善。

第四，公正性价值体现为一种程序正义。制度的建构必须能够达成广泛共识，在多样性、多元化的社会价值观念中被广泛接受，能够形成共识基础和统一认识，并成为核心性质的公正理念。正义、平等、自由、人权等价值属性是制度建构的合法性基础，制度建构过程也需要遵循程序正义。习近平指出："不论处在什么发展水平上，制度都是社会公平正义的重要保证。我们要通过创新制度安排，努力克服人为因素造成的有违公平正义的现象，保证人民平等参与、平等发展权利"。① 切实保障学生的受教育权益，实现高等教育公平，前提在于建构公正的制度体系。一般来说，制度的公正性建构突出表现在利益表达渠道和制度参与渠道的畅通。有效的利益表达渠道和制度参与渠道使得不同民族、不同阶层、不同地区和不同利益群体的需要、诉求得到最大限度的实现。高等教育通过教育制度的平等性、程序的合理性和规则的有效性为社会营造人尽其才、各尽所能的公平的发展环境。不断推进高等教育公平的制度化、规范化、程序化，实现制度建构的程序正义。程序正义的缺失，可能导致教育制度被

① 习近平.切实把思想统一到党的十八届三中全会精神上来[N].人民网,2014-01-01.

"异化"，制度"公共性"与制度理性被僭越，公权力沦为私益化的工具，[①]从而影响教育制度功能的发挥。

第五，从实践的维度与路径出发，制度的公正性维度就是要着力构建以权利公平、机会公平、规则公平为主要内容的教育公平保障体系，尤其在高等教育资源的合理配置和招生制度改革方面推出新举措。一方面，公平的招考制度是保障高等教育公平的前提。在高等教育质量、水平的区域差距还比较明显的当今，国家要通过高考制度的改革尽可能缩小地区间高等教育入学机会的差距，尽可能地实现不同省域录取率的均衡。国家教育部门应通过各种措施积极鼓励地方高校增加在外省的招生比例，如由国家出资，积极鼓励和引导高等教育资源相对丰富的省市将招生指标适当分配给中西部地区，切实推进中西部地区高等教育机会公平。另外，要统筹兼顾，加快解决农民工子女异地高考问题，将异地高考作为我国现行高考制度的重要补充，以弥补现行高考录取的制度缺陷。要完善经济困难学生的资助制度，逐步提高资助水平。

二、教育制度的包容性维度

制度的包容性是与共享发展、和谐社会的理念相联系的。正如习近平总书记在中共十八届三中全会第二次全体会议上的讲话指出的："蛋糕不断做大了，同时还要把蛋糕分好。"[②]因为这关系到社会的和谐稳定，关系到民生福祉。共享与包容的发展方式符合建设公平、公正社会的价值目标。共享发展就是要体现"共同参与、多元发展、人人享有、普遍受益"的价值目标。这不仅体现了把蛋糕做大的目标，也体现了社会对于公平分配福利蛋糕的契约与诉求。也就是说，恰当地划分具有不同群体、不同阶层和不同诉求的人的利益关系，这是现代社会的一个重要价值。其中，

---

① 蒙象飞.利益共享、制度正义与价值共识——当代中国政治认同建设的三重困境[J].云南民族大学学报:哲学社会科学版,2019,36(1):12-17.

② 习近平.习近平谈治国理政(第1卷)[M].北京:外文出版社,2018.

教育的共享与包容式发展也是其应有之义。教育的共享发展就是要尊重所有人参与教育的权利,在对教育权益、教育资源、教育机会的分配矛盾性要求之间实现一种总体的、动态的、恰当的平衡,展现教育公平的美好蓝图。

教育制度的包容性维度具有坚实的理论基础。罗尔斯在《作为公平的正义:正义新论》一书中提出,"假设存在一种自然天赋的分配,那些拥有同等天资和能力并使用这些天赋的人们应该有相同的成功前景,无论他们的社会出身是什么,无论他们生来属于什么阶级,以及成年之前的发展程度如何。"①因此,罗尔斯提出的公平是在充分考虑社会和经济等背景存在差异基础上的机会均等。诺齐克"资格理论"旨在保障个人权利,提出了正义三原则的一般纲领,分别是获得正义原则、交换正义原则、矫正非正义原则,其中,矫正非正义原则主要是对获得和交换过程及其结果的不正义进行矫正。英国著名社会学家安东尼·吉登斯提出新平等主义理论,他在《第三条道路及其批评》中也指出:"把平等和多元主义并重,并强调要动态地看待平等主义;集中关注机会平等……在努力回应不平等的多变模式的同时,又注意到影响不平等的多变因素。国家不仅要对不平等和贫困做出反应,同时还要留意相关个人和群体的生活环境。"②另外,吉登斯主张责任与权利要有效结合,通过改善社会规则促进个人自我实现,同时,作为个人要积极回报社会,承担义务和实现平等,"政府对于其公民和其他人负有一系列责任,包括对弱者的保护。"③因此,保障弱势群体的高等教育权益,成为高等教育公平政策建构的重要内容,也是我国高等教育入学机会公平的政策主线。

教育制度的包容性维度要求统筹兼顾追求共同发展的价值目标。作

---

① (美)约翰·罗尔斯.作为公平的正义:正义新论[M].姚大志,译.上海:上海三联出版社,2002:71.

② (英)安东尼·吉登斯.第三条道路及其批评[M].北京:中古中央到校出版社,2002:124.

③ (英)安东尼·吉登斯.第三条道路:社会民主主义的复兴[M].郑戈,译.北京:北京大学出版社,2000:68-69.

为公共服务体系的教育,应成为可接近、可选择、可获益的一种价值目标,为人们提供更多教育机会,提供更多成长与发展的空间。包容性制度实质就是建立公平的制度保障体系使发展成果能广泛惠及所有民众。包容性制度隐含着对弱势群体追求自身发展的意愿与能力的尊重和信任。要倡导和推进制度的包容性,从制度价值层面来讲,就是要扭转"重效率轻公平"的制度导向,加强保障性制度体系建设,保证学生平等参与的权利,共享教育改革发展的成果;从技术层面来讲,就是在承认差距的基础上,重视弱势群体平等的教育权利和均等的发展机会,通过发挥教育制度的保障功能和宏观调节作用,更多地对处于不利地位的利益主体以照顾。这也体现了真正合理的制度的本身是追求善的,它关注每个人的生存发展。

教育制度的包容性维度旨在追求一种"多元"的视野,强调人们应该受到平等的关心与尊重,通过分配正义实现社会的包容性发展。"起点公平"是保障每个社会成员公平竞争、充分发展的必要前提。但现实中不同群体的生活境遇是千差万别的,教育制度不仅要为科学选拔人才提供制度保障,还要为保障弱势群体的教育权益提供政策框架。高等教育公平不等于消除差别,完全平等将损害高等教育的进步。用同样的标准去评价不同发展境遇的学生,只能使弱势群体教育权益受到排斥和被边缘化,这是违反教育公平的。而现实路径就是提供一种教育机会的补偿,使弱势群体也有充分接受教育的可能性,通过自己的努力实现自我发展,使他们不至于丧失对自身发展的期望,获得一种公平的自我体验,这也是和谐社会的基本要求。在制度设计上通过有差别对待,以同样的方式来对待学习条件迥异的学生是有失公平的,高等教育的机会供给也要充分考虑竞争起点的差异,均衡考虑有优势教育资源的考生与缺乏优势教育资源的考生,兼顾农村或偏远贫困地区的弱势家庭子女,确保其高等教育权利不被边缘化。

从管理的维度与路径出发,教育制度的包容性价值就是要强化政府在实现高等教育公平方面的保障作用。一是建立健全公共教育服务体系。《国家中长期教育改革和发展规划纲要（2010—2020 年）》第 47 条指出，各级政府须实实在在地履行政策引导、统筹规划、监督管理及提供公共教育服务的职责，以建立健全公共教育服务体系，并逐步实现基本公共教育服务均等化，维护教育秩序和教育公平。各级政府要增加对教育资源的投入，明确政府提供公共服务、公共产品和维护社会公平等基本职责，通过创新机制、变革观念、加强法制建设等，促进高等教育公平，构建以规则公平、资源配置公平、机会公平、权利公平为主旨的教育公平保障体系和各级各类助学体系，使所有弱势群体子女都能公平地得到补偿的机会。二是从可持续发展的新的要求和中国国情出发，尽快探索和构建相对完善、系统的高等教育公平指标体系。围绕推进高等教育公平这一目标的实现，树立正确的教育政绩观，完善地方政府履行教育职责的考核机制、问责制度和评估验收政策，力争在构筑基础教育底线公平的基础上，有序推进高等教育权益公平，最终建成符合中国国情和教育发展的、相对完善的、公平的高等教育体系。

三、教育制度的发展性维度

发展是哲学术语，指事物由小到大，由简到繁，由低级到高级的过程。唯物辩证法认为，物质是运动的物质，运动是物质的根本属性，而向前的，上升的，进步的运动才是发展。教育制度的一个重要目的在于有效实现人的发展。现在我国教育改革进入深水区，其中一个核心问题就是树立正确教育观念的问题，即什么是教育，什么是好的教育，什么样的教育有利于人的自由生长和充分发展，怎样的教育机会适合人的全面发展。高等教育公平应该通过有效的制度建构，以人的充分自由全面发展为尺度，建构有效的教育体系。以人的自由全面发展为依归的教育制度是好的制度，教育制度不应以人的片面发展为代价去追求所谓的教育"效率"。

每个人自由而全面的发展是教育制度价值系统的最高目标，对于教育制度的反思也要审视其能为人的自由而全面发展提供什么样的条件。因此,发展性维度应成为教育制度的一个重要伦理价值,成为教育制度建构的出发点和落脚点。在发展性价值中,"以人为本"的伦理原则和"自由发展"的信念构成了制度规范合理性的基石。以人为中心并促进人的生命健康、主动发展,成为制度设计最根本的价值标准。个体自由全面发展意味着个体自主或个体自决,它需要在制度实施中以更全面的视野、最大限度地为人的成长创造条件和基础。在发展性维度下,教育制度不是手段而是目的,一切制度规范都指向人的生命成长。将伦理价值融入教育制度,就是要确立和强化教育尺度和标准,确保在对制度的各种考量和评价中,人的教育权利和发展权利具有价值优先性。

教育制度的发展性伦理符合教育的最本质内涵。高等教育是满足人们对自我发展和美好生活向往的通道,也是人们自我实现的方式。社会是多种多样的,人的发展路径也是千差万别的。当教育制度能够在促进学生实现差异性诉求、多样性发展方面提供保障作用时,这样的制度才是有效的,才具有存在的合理性,也才是公平正义的制度;反之,如果教育制度限制了人们的抱负与愿望,难以实现或不利于促进人的全面自由发展,那么这种制度就是不合理、不正义、不公平的制度。缺乏合理性的制度必须通过深化改革而被废除或拒绝,或者通过政策调适进行改造和修正,使之符合教育规律和人的发展规律。

教育制度的发展性伦理指向有选择性的教育。高等教育公平与否取决于诸多因素,尤其是在主体的价值领域,学生的公平感知与需求分化之间存在内在关联,因此高等教育公平制度建构需要一种复合逻辑,需要系统的、深入的探讨当代中国高等教育公平的建构路径、操作模式及其所蕴含的教育实践价值。教育制度之所以是"教育公平"的重要保证,根本原因就在于制度分配基本的权利、义务、机会与责任等,而这些个人发展所必需的资源必然影响着人们的发展前景,影响个人的成长、发展及可能达到的人生成就状态。尤其是我国高等教育经过三十多年的快速发展,从一个人口大国和高等教育大国,持续向人力资源强国和高等教育强国的方向努力,有学上的问题已经基本得到了解决,如何提升高等教育的质量、水平和高等教育满意度,走内涵发展、高水平发展的道路,是当前最重要的价值选择,也是高等教育的一种新的理念和价值追求。而实现这一目标的根本出路就是建构可选择的教育制度体系。我们要通过深化制度改革不断扩大教育选择机会,构建有选择的教育。当前,制度枷锁是教育领域亟待改革的重要领域,制度的不合理、不正义或不公平意味着对个体发展存在一种特别深刻的羁绊。现在社会发展越来越多样化,个体的需要、兴趣、人生规划和发展价值观也越来越多样化,社会需要丰富多样的人,学生也需要多样化的选择机会。《国家中长期教育改革和发展规划纲要(2010—2020 年)》指出,"树立人人成才观念,面向全体学生,促进学生成长成才。树立多样化人才观念,尊重个人选择,鼓励个性发展,不拘一格培养人才……学校依法自主招生,学生多次选择,逐步形成分类考试、综合评价、多元录取的考试招生制度。"教育制度就要为塑造多样化的成才路径提供基础,教育的多样性、社会的多样性与人的多样性应该努力达成一种契合的高度。

教育制度的发展性伦理表明,有选择的教育才是好的教育。长期以来,我们将德智体美全面发展作为教育目的,早在 1957 年,毛泽东在《关于正确处理人民内部矛盾》一书中指出:"我们的教育方针,应该使受教育者在德育、智育、体育几方面都得到发展,成为有社会主义觉悟的有文化的劳动者。"[①]1958 年,中共中央、国务院颁布的《关于教育工作的指示》,将这段话正式规定为我国的教育目的。但是,这一延续六十多年的教育目的观要具体落实到教育的每一所学校、每一门课程、每一个细节的时候却面临很多问题,已无法满足时代发展需要,亟须进行改革与调整。一方面,推本溯源,马克思主义人的全面发展学说不仅包含着实现人全面发展

① 王道俊,郭文安.教育学[M].北京:人民教育出版社,2010.

的思想，也包含着自由发展的思想，要鼓励人的潜能、人的天资、人的兴趣得到充分尊重，每个人能够在现实的教育体系中得到个性化的、自主的、自由的发展的思想。促进人全面发展和促进人自主、自由和个性化发展共同构成了马克思主义人的全面发展思想不可或缺的两个方面。忽视人的自主、自由和个性化发展的教育目的观没有真实全面地反映马克思主义人的全面发展思想。① 另一方面，从国际研究来看，美国学者加德勒关于人的智能结构的研究，提出了人有多种相互独立的智能领域，每个人都有不同的智能结构，不同的人具有不同的优势发展潜能，每个人应该使自己优势潜能得到最大发展，这应该成为人才评价、人才考核、人才选拔以及教育公平的重要指导思想。

当前，我国的教育仍是整齐划一的教育，亟须以发展性制度伦理为抓手，加快选择性教育供给机制的建构。总体上说我们的教育是一个统一化的教育，规定体系、学制、学科、课程甚至教材和教师的教学方法，现在的教育基本上是遴选型的教育，选择学生来适应我们的教育制度，通过考核和评价淘汰学生，这是招生考试制度长期以来存在的普遍逻辑。未来的教育要以促进人的自由全面发展为目标，改善遴选与淘汰的教育制度，这也是高等教育走向更高水平的公平的体现。因此，加强选择性制度建设是促进和实现公平正义的首要而又迫切的任务，加强制度建设的途径就是全面深化改革。一方面，从"结果公平"或"事实公平"的角度而言，希望所有学生拥有平等接受优质教育的机会，而不是通过考试这种竞争方式把优质资源提供给"优秀学生"。我国当前的高考改革，把增加学生选择权作为重要的改革举措，建立综合评价、多元录取的考试招生模式。改革直指当前招生考试制度单一僵化的弊端，使高考在引导素质教育、促进学生全面发展中产生积极的导向作用，促使教育体系更加注重"育人"的本质内涵，在尊重学生个性发展的同时，促进每个学生核心素养和关键能

---

① 傅维利.正确"目的"与"规律"观照下的教育改革与发展[J].教育研究与实验,2017(4):1-4.

力的全面发展,帮助他们健康成长,获得发展自身、奉献社会、造福人民的能力。① 另一方面,从结构的维度与路径出发,通过多层次、多元化、多类型的高等教育体系来保障公民的高等教育权利和自由选择的机会,实现高等教育功能由选拔向选择的过渡。伯顿·克拉克认为,如果高等院校各具特色,而不是被呆板地纳入一个大而统的体系,高等教育就能够最有效地体现公平精神。同质化、统一化的高等教育并不符合教育自由的理念,也不能确保教育公平。我国高等教育公平的实现依赖于教育管理的多元化、教育制度的包容化以及教育结构的多样化。我国高等教育应该以公民多样化教育需求为核心,以包容性发展为价值理念,根据经济发展所提供的可能,为更多的人提供更多的、不同的高等教育机会,逐步形成多层次、多元化、多类型的高等教育体系,实现高等教育功能由选拔向选择的过渡和高等教育机会的自由选择。衡量一个高等教育系统是否对实现教育公平的标准有利,取决于我们能否同时启动以研究高深学问为旨向的精英高等教育和以满足多样化社会需求为旨向的大众高等教育体系;能否引导不同高等教育机构准确定位并逐步形成优秀与平等的双重价值标准;能否既有利于高等教育承载的社会筛选和分层功能,又能保障民众接受高等教育的权利,促进社会民主和公平。目前,我国高等教育制度仍缺乏多元化的发展理念与发展性评价导向。我国高等教育结构仍无法体现和适应社会对高等教育的多样化需求。为此,以高等教育公平目标为导向,通过顶层设计,推动教育结构的合理调整,满足学生多样化的发展和自由选择的需要,是我国现阶段高等教育公平得以实现的必然要求。

① 林伟.优化制度设计公平科学选才——江苏高考综合改革实践与思考[J].江苏高教,2019(6):12-18.

第四章

逻辑建构:
高等教育公平的原则与制度条件

>>>

"物有本末,事有始终",对高等教育机会公平的研究需要从"追求本源的意向性"出发,首先解决对"本体性问题"的追问。在现实社会中,公平问题总是与人的社会生活息息相关。人们对高等教育公平的追求也往往通过各种具体的教育机会、教育权益呈现出来。影响高等教育公平的因素是多方面的,个体因素、家庭因素与社会因素之间的相互作用也是交叉重叠和具有层次性的。所以我们在探讨"在高等教育机会有限情境下通过什么途径选拔什么样的人接受高等教育"的时候总会陷入两难境地,这也决定了高等教育公平的相对性和复杂性。[①] 本书构建了高等教育机会获得模型并作为理论分析框架,通过对教育机会影响要素的分析,揭示高等教育公平的本质特点、本质内涵和系统特征,分析高等教育公平伦理诉求的核心原则、应然方向和实践路径。

---

① 高树仁,宋丹.基于教育权益的高等教育公平研究——价值判断、权益失衡与制度保障[J].中国高教研究,2014(3):27-30.

第一节 高等教育公平的影响因素与实现逻辑

高等教育公平不仅是多因素、多变量的复杂过程,而且在错综复杂的多因素交互作用下,教育公平的理想与现实之间也存在着广泛的差异和矛盾。本书基于社会阶层的分析方法将教育机会获得的影响因素细分为个人禀赋、自致因素、先赋条件三个关键变量,并对此做出了理论阐释。就教育机会而言,个体的能力分化和教育选择是教育机会获得的基本依据。然而,能力分化并非通过纯粹自致的方式实现,个人努力只是一个重要因素,现实中的家庭环境、学校教育过程、教育制度都可能导致不同的能力后果。[①] 现代教育机会的分配过程,需要以个人禀赋、自致因素、先赋条件为参考,构建公平、公正的教育制度体系,实现对教育机会和教育利益关系的有效调节作用。

高等教育机会获得的过程是复杂的,存在不同的影响因素和不同的运作机制,也必然会生成不同的教育利益群体,形成多样化的教育平等诉求。各种形式的教育机会差异遵循各自不同的运作逻辑。站在实然的角度来看,个体教育成就及教育机会取得的复杂性可以从个人禀赋与教育机会的差异性、自致因素与教育机会的竞争性、先赋条件与教育机会的外依性三个维度来解读和分析高等教育公平的基本特质。

一、个人禀赋与教育机会的差异性

自然禀赋所基于的是人的自然赋予、生而俱有的能力及特质。不同个体间存在某些遗传导致的天赋差异,卢梭将其称为"自然的或生理上的不平等",它是基于"健康、体力以及智慧或心灵的性质的不同而产生的"。自然禀赋的差异包括四个主要方面,即身体条件的差异(构成教育活动的

---

① 李政涛.中国社会发展的"教育尺度"与教育基础[J].教育研究,2012(3):4-11.

起点）、能力类型的差异（对个体能力分化起着定向和调节作用）、个性品质的差异（具体个体开展学习活动的具体方式）、优势领域的差异（表现出个体禀赋优势）。[①] 自然禀赋成为个体获取教育成就的一个前置性条件，具有自然性和差异性。个体发展必须尊重与生俱来的自然禀赋差异，并以此为根基促进个体向多元的、独特的、丰富的可能性发展。

阿马蒂亚·森以"可行能力"这一概念来说明个体独特的身心基础以及发展的多样性、差异性和丰富性，他认为，可行能力即"个体有可能实现的，各种可能的功能性活动组合"。从现实来看，可行能力就是在"个人禀赋"的基础上由自在性向自为性提升、由自发性向自觉性转变的过程。实际上，我们强调教育公平也并非旨在实现教育结果的绝对公平，并非要让所有适龄儿童和青少年达到同样的发展程度，而是基于个体天赋、潜力的公正对待与充分挖掘，实现天赋素质向现实素质的自然转化和个性的全面发展。教育需要认同与维护在人格平等基础之上的多样化天赋，尊重个体的无限差异性，这种差别是平等人格及自由权利的现实存在。人必须通过教育过一种有价值的生活，这是教育的全部意义之所在，这也意味着一个人必须拥有发展的机会和自由选择的过程，这也就是所谓的实质自由。

不同主体"先天禀赋"的多样性以及教育需求的多元化，指向了教育公平的一个重要原则——差异原则。我国的高等教育经历了精英教育向大众化教育的转型，并初步具备了普及高等教育的基本条件。高等教育发展的新阶段必然伴随教育发展理念、教育制度体系和教育伦理价值的全面转型，高等教育对于人才的"选拔性"功能与"培养性"功能此消彼长，传统的"择天下英才而教之"的理念也必然向"为学生提供适合的教育"的理念转变，这不仅呼唤现代教育理念的觉醒，也反映着现代教育制度伦理价值的变迁。学生潜能的多样性、需求的差异性、发展的多元性对教育结

---

① 单培勇.略论国民素质发展规律[J].河南师范大学学报:哲学社会科学版,2011(3):98-102.

构提出了新的挑战,而现实中封闭的教育体系、僵化的教育结构和整齐划一的教育要求无法满足多样化的教育需求,这显然是遏制人的发展的。教育要包容不同主体的差异与不同需求,尊重学生的多样化选择,让每个学生的个性和禀赋得到充分发展。只有教育过程设计、教育机会配置、教育模式选择能够给予学生更多的自由空间,我们的教育才能真正满足人们多样化的需求,并趋向公平、有效和持续发展。

二、自致因素与教育机会的竞争性

自致性因素是个人通过自身努力而获得的后天能力或资质,是个体可发挥能动性的影响因素。随着社会转型加速以及市场经济日益发展,个体的自致因素日益成为主导其个人生活机遇的决定性变量。个人成功更大程度上依赖于个人的后天努力,这也成为现代社会对于公平价值研判所普遍遵循的逻辑。在传统社会,"公平性缺失"体现在唯身份论、唯出身论等标志着社会区隔的重大制度和政策方面,现代社会已远离了那个以财富、阶级、地位等因素为前提预设个人在社会中的等级秩序的时代,自致性因素使个体从特定的社会结构、等级秩序中抽身而出,成为实现自我价值与人生意义的一个重要因素。因此。"自致因素论"已成为学术界关于社会机会获得的重要分析框架。

自致因素的逻辑设定和目标是明确的,它引导着人们遵循自觉逻辑实现个体发展。现代社会需要强化自由、平等的社会流动机制,而自致因素是影响个体社会流动的重要方面。自致因素强调主动性、专注性、努力程度等个人可控性变量,即后天努力的结果之于机会获得的重要性,是自致因素所反映的深刻内容和所内含的深层动因。构建一种纯粹自致路径,使内生动力、自觉逻辑、自组织发展贯穿于人的发展过程中,引导社会向合理化方向发展。社会公平的意义和价值只有在自致因素与个体的成就、地位的持续关联中才可获得。个体在所栖息的社会坐标中唯有通过个人努力寻求到自我"上升通道"时,才能获得公平感和公正的价值体验。

立足于自致性因素的公平观是建立在平等原则基础上的，要诉诸现实制度安排的规范性，撇开了这一起码的规定与要求，公平性则无法判定。所谓高等教育机会公平，更倾向于竞争机会的公平，"分数面前人人平等"成为高等教育阶段具有普遍的价值标准，高等教育应努力创造一个"外部世界对个人才能的实际发展所起的推动作用为个人本身所驾驭"的制度体系。现实的教育制度要能够为高等教育机会的获得提供清晰一致的规则保障和价值指引，让更多的人能通过自致性努力，获得优质的教育资源和机会，使影响高等教育机会获得的个人自致性因素大于先赋性条件发挥的作用，让高等教育逐步作为决定社会流动的重要因素，显示其在调节社会公平、公正性方面的重要作用。

三、先赋条件与教育机会的外依性

先赋条件集中体现为家庭背景、户籍制度等与个人发展有关的外源性资源，它一方面反映着一种与生俱来的社会关系，即无须选择，先我而在的一个生活环境；另一方面将身份、地位等社会化标签作用于社会成员的发展与成长过程，从而对每一个体产生隐性而强烈的影响。人与社会禀赋，"犹如植物与所栽的泥土：植物的生长，与泥土的厚薄、肥瘠及日光、水分有密切关系，人的生长之过去与将来，也与之有密切关系"。[①] 当以社会禀赋为中心讨论教育公平问题的时候，所牵出的是整个社会结构、教育制度的正当性问题。也就是说，如果教育机会的差序格局是身份、地位等家庭单位制资源、教育分配体系、机会结构等制度因素乃至外生的经济社会资源造成的，而与个体禀赋、能力差异、努力程度等主观因素无关，那么这种教育不平等就成为整个社会结构、分配制度差异的一种反映。

社会禀赋影响教育机会获得的模式可分为三类：一是文化再生产模式，其特征是父辈的文化教育水平通过教育期望、文化资本等机制潜移默

---

① 杜威.杜威五大演讲[M].合肥：安徽教育出版社，2005：139.

化地传递并弥散性地渗透在子女成长过程中,影响子女的学习动力、学习表现及教育机会获得,即子女的教育机会与父母教育程度高度相关。二是资源转化模式,其特征是父辈的经济收入、政治地位、社会关系网络等家庭资源,能够转化为子女教育竞争过程中的教育资源和发展基础,通过代际的不平等传递实现阶层再生产,即子女的教育机会与家庭阶层地位及社会经济资源高度相关。三是结构授予模式,其特征是就近入学制度、城乡户籍制度、分省定额招生等结构或制度干预方式,使人们因处于某种社会结构中,便自然地被授予附着在该位置上的资源与机会,形成人与人之间的制度性区隔,这种由制度性因素来规定不同人群的教育机会的方式使高等教育机会呈现显著的区域差异,从而影响高等教育公平。

儿童成长与发展所必需的物质性资源是教育机会获得与外部社会之间的一种依赖性关系。这种外依性源于教育制度环境和外部社会环境,一般而言,社会发展失衡、教育制度公平性缺失,则会导致差异家庭资源的不平等。教育机会的外依性不平等模式包括两个方面:一方面,家庭的先赋因素通过改变儿童自身的学习能力从而导致教育机会不平等,如经济资本、文化资本、社会资本等;另一方面,社会的先赋因素对儿童教育机会予以结构性配置从而导致教育不平等,如户籍、民族、地区等制度划分。从教育机会的外依性逻辑出发,补偿原则应成为审视高等教育机会公平的重要视点之一。补偿原则是从社会发展失衡的现实出发,衡量高等教育的现实公平程度以及在此基础上提出不平等的补偿性政策措施。通过制定更为精细化、有针对性和实效性的教育公平政策,给予弱势群体一定的机会补偿,克服社会禀赋的局限以保证每个社会成员有一个相对公平的起点,从而拓展个人自由发展的空间,最大限度发挥每个人的潜能和能力。要从社会禀赋固有的外源逻辑中解放出来,需要遵循制度伦理的路径,关照弱势群体的教育权利,强化制度伦理的规范作用,使制度真正成为弱者诉求与维护自身正当利益的武器。

当然,以上三个教育机会获得的影响因素均来自个体层面的分析,即通过个人禀赋、个人主观努力程度、个体家庭条件和环境资源等因素,并最终固化为个体能力差异而产生的教育机会的不平等。然而,现实中高等教育机会的分配是一个复杂的过程,还受到社会因素的影响,包括高等教育资源的结构性差异、分配规则的结构性差异等,这些资源结构或规则构成作为一种广泛的原则性特征体现在人们的例行化行动中,也会影响到教育利益关系的合理分配。按照吉登斯的有关理论,这种教育机会的调配方式被称为"结构性授予",它对个体的教育机会的获得过程既具有限制作用,同时也具有推动作用。[①] 例如,分省定额的招生考试制度就是这种结构性授予方式,通过将大学入学机会按照地域划分为不均等的录取名额,实现教育机会的结构性授予。可见,"结构性授予"对于教育机会的分配具有重要的调节作用,实现高等教育公平最重要的一个途径就是发挥结构化的制度体系对不同群体教育利益关系的有效协调作用,而这种功能的实现必然要遵循一定的高等教育公平原则。

第二节　高等教育公平的原则与制度诉求

高等教育公平制度的重构首先需要科学的理论指导和原则依据。基于对高等教育机会获得的逻辑模型和影响因素的分析,以教育制度伦理价值为参照,提出了高等教育公平原则。根据教育机会影响要素相互关系及作用机制将教育公平原则细化为平等性原则、差异性原则、补偿性原则三个不同层面,并分别对应竞争型机会、补偿型机会和选择型机会三种教育机会类型(图 4-1)。以此为基础,形成了高等教育公平的整体分析框架。

---

① 杜威.杜威五大演讲[M].合肥:安徽教育出版社,2005:139.

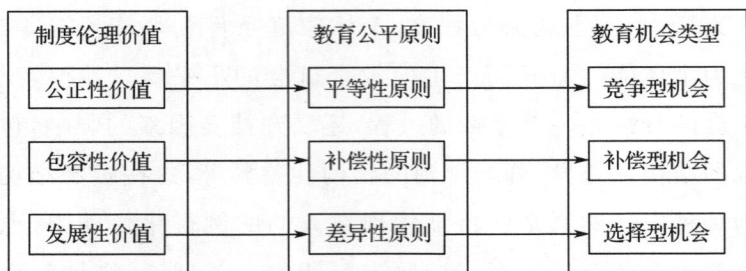

图 4-1 高等教育机会公平原则

Fig 4-1 Schematic Diagram of the Principle of Fair Higher Education

    高等教育公平是一个多维多层次的复杂概念,高等教育公平的"平等原则—补偿原则—差异原则"是分析教育机会差异和高等教育公平的基本结构与框架,建立教育公平的规范和保障机制是从本质上推进高等教育公平的路径所在。以任何一类教育公平的单一制度建构形式来构筑高等教育公平的系统都是远远不够的,应该在这三种教育公平原则和规范路径之间找到合适的均衡点,并在此基础上完善高等教育机会公平的保障体系。

一、差异性原则

    差异性原则,是指个体教育机会的获得是社会权利和自身素质多重因素复合作用的结果。教育公平的最终目标是实现人的充分自由全面发展,然而在教育活动过程中,个体的能力存在大小、方向、优势领域、发展潜力等特质方面的差异,教育机会公平就是正视并尊重这些差异,满足教育发展的不同需求,以促进个体在自然禀赋的基础上获得适宜教育以实现自由的、充分的发展。[①]

    高等教育兼具选拔性与培养性,而个体能力在大小、层次、类别等方面的差异性是高等教育选拔性的一个基本出发点;个体能力发展的多样

---

① 曾继耘.论差异发展教学与教育公平的关系[J].中国教育学刊,2005(6):32-35.

性和丰富性需求是高等教育培养性的重要价值目标。高等教育机会公平不是让所有人接受无差别的教育，而是"给每个人所应得的"、实现"不同情况的差别对待"。通过提供适切的教育实现各尽其才并各得其所，这也是高等教育公平的终极理想。高等教育公平是对个体天赋多样性的尊重，是对学生能力差异性的适应，是对同质化教育的摒弃。基于这一目标，我们要为学生提供多样化、差异性的教育机会，在满足学生不同教育选择的基础上促进每一个体充分、自由、主动、全面发展。这样，高等教育机会分配的理想目标是公平的，也是有效的；是差异的，也是丰富的。①

差异性原则要求教育制度能够保障选择性教育机会的实现，即用改革的办法推进高等教育多样化，优化高等教育供给结构，更好地满足学生差异化、多元化的教育需要。差异性原则关注高等教育机会的"适切性"，这与高等教育结构的多样化、层次化、类型化等差异属性相联系。在宏观层面主要体现为高等教育供给的层次结构、类型结构、专业结构等的丰富性、优质性以及供给有效性。"教育多样性是个人完善发展所必需的，是教育对于差异性的尊重和适应。"能力分化是教育供给的前提，能力分化不仅有能力大小的差异，还有能力方向性、类别性的差异。教育机会供给要充分尊重个体的教育选择，基于能力、兴趣、特质、爱好提供满意的教育。教育制度的建构过程也要摒弃对于教育公平的错误理解，绝对平等的教育和同质化的教育并非高等教育机会供给的发展方向。有效的教育供给应该是基于"教育多样化是为了充分发展人的多方面因素和特性，是实现教育功能的唯一选择"②的认识，在差异性公平原则的基础上，通过高等教育结构体系的优化升级，提供多样化、特色化、优质的高等教育机会，以满足个体充分、自由、全面发展的需要。

差异性原则作为高等教育公平的重要维度，不仅在于根据能力大小提供适切的教育，更在于提供有选择的教育，使个体获得更多发展的可能

---

① 葛新斌,杜文静.教育公平诉求中的民粹主义倾向批判[J].高等教育研究,2016,37(5):13-20.

② 刘复兴.教育政策的价值分析[M].北京:教育科学出版社,2003:129-131.

性。而且,站在人本位角度来看,差异性公平原则以选择性教育机会的实现为根本目标,直接指向人的自由发展、自主发展,在丰富多样的教育机会供给中,充分发挥学生的主动性、自我成长的积极性,实现自我选择的空间性,使人的教育过程成为一种积极主动的自我建构过程,这也是高等教育公平"超越分配正义的边界"①,从注重外延转向关注内涵,"进入教育活动内部,走向承认的正义"②,真正地承担起以人的发展为中心的正义使命。通过多样的教育资源、教育环境和教育服务模式,为每一个学生提供适切的教育,从而满足学生个性、自由、充分发展的需要,这也是对于发展性制度伦理价值的回应。从教育公平的层面来说,促进教育多样化发展,为个体提供更多的教育选择和适切的教育机会,是更深层次的教育公平。从教育的本质而言,赋予有差别的个体以无差别的、无选择的教育,本身就是不公平的。③ 只有选择性的教育,才有利于消解教育公平体验中个体价值层面的问题,也有利于提升个体教育公平感和满意度的可能性。

二、平等性原则

平等性原则,是通过建立完善而公平的规则体系来保障教育权益的公平实现,它强调规则体系的权威性、公开性以及规则运作的广泛适用性、稳定性,要求"每个人在实现自身价值的过程中应遵守同样的制度规则,保证规则面前人人平等的参与竞争,任何人都不存在特权或被歧视"。④ 平等性原则是高等教育机会公平的基本价值取向。

平等性原则将规则公平、程序公平视为高等教育公平的存在形式和重要保证。十八届四中全会提出了"强化规则意识""充分保障权利公平、机会公平、规则公平"的重要目标。高等教育机会作为一种更高层次的非

---

① 吕寿伟.分配,还是承认——一种复合的教育正义观[J].教育学报,2014,10(2):27-33.
② 吕寿伟.分配,还是承认——一种复合的教育正义观[J].教育学报,2014,10(2):27-33.
③ 许双成,张立昌.论教育的人格分等及公平矫正[J].教育科学,2016(5):16-20.
④ 茅于轼.中国人的道德前景[M].广州:暨南大学出版社,2003:166.

基本教育权利,具有有限性、竞争性和排他性的基本特征。高等教育机会作为参与教育活动、实现个人发展的权利,其获得方式应该由客观公正、公开透明的规则体系来配置和赋予,而不能由特权来赐予。[①] 高等教育公平的平等性原则不是避免教育利益关系的冲突或消解利益主体间的博弈,更不是保障教育机会的绝对均衡和完全平等,而是通过制定合理的规则保障公民参与教育竞争、实现个人发展的平等权利。因此,依据平等性原则制定公正、公开、稳定且具有操作性的规则体系,并通过"看得见"的方式保障高等教育权益从可能性演变为现实性,以实现高等教育机会的公平就成为一种当然的选择。

平等性原则保障的是竞争机会的平等。《世界人权宣言》第 26 条规定,"高等教育应根据成绩对一切人平等开放",《经济、社会和文化权利国际公约》第 13 条也规定,"高等教育应根据能力,以一切适当方式平等开放"。按照机会所需求的"能力标准"来分配高等教育机会是世界通用的合理性法则,高等教育机会本质上是一种竞争性机会,需要基于成绩、能力的标准以"一切适当方式"对所有人平等分配,这是高等教育公平的一个重要标准。[②] 所谓竞争性机会主要指人们通过自身努力获得的各种非基本的、较高级的发展权利,如获得发展机会、专业技术资格、较高社会地位和较多薪资收入等,是个体追求更高层次自我发展和价值实现的一个过程。高等教育公平的平等性原则,是保障满足相应条件的个体能够拥有同等的教育权利以获得一定层次范围内的教育机会,这些机会分配的依据是高深知识习得所需的相关资质和能力特质。平等性原则强调教育机会的自致性和排他性,摒弃和消除弱势群体不能控制的家庭背景、社会关系和群体特权等各种歧视性因素和外在条件的消极影响。[③] 高等教育公平的实现,需要在保障平等的竞争性教育机会的基础上,通过建立完善

---

① 徐梦秋.机会的公平和规则的公平[N].光明日报,2016-04-27,14.

② 温泽彬.受教育权的多元属性是分省定额制招生改革的法理依据[J].法学,2016(8):74-82.

③ 唐子茜.机会平等保障中的政府责任分析[J].中国特色社会主义研究,2014(6):46-50.

的规则体系实现高等教育机会分配过程的合理性。

在教育机会分配的过程中,平等性原则的作用主要是保证高等教育的准入资格平等。通过赋予主体平等的竞争机会,将能力、资质与教育获得紧密联系起来,保障具有同等资质的主体能够获得同等的高等教育的参与权利。这种权利应由相应的规则来配置和赋予,以能力为标准实现教育机会配置,而不能由特权来赐予。从平等性原则出发,规则的平等性自然成为高考招生考试制度设计的核心价值,其关键是保障遴选标准的平等性和招生名额分配的统一性,保障不同地域、不同性别、不同民族的学生有同等参与竞争的权利和机会,这是高等教育公平的重要基础。当前,我国的招生考试制度仍存在招生指标分配地区失衡、录取分数线地区不等的问题,这与平等性原则相背离,限制了学生平等竞争的教育权利。可见,平等性原则是高等教育公平的基础性条件,通过规则公平保障教育权利赋予的平等性以及教育机会配置的合理性;同时,平等性原则也为我国深化招生考试制度改革指明了方向。我国目前实行分省定额的高考招生制度,这是一种封闭机会与开放机会相结合的教育供给方式,其实质是以"成绩和能力"为标准,在一定行政区域范围内实现考生录取机会的平等。新一轮高考招生制度改革要注重"全国一盘棋"的整体性调控,在推进社会公正和教育公平的基础上更加关注构建全局性、结构性和立体式的教育公平体系,[①]改进分省定额制的分配方式,努力减少招生和录取指标在各省区之间的差距,这也是符合平等性原则的教育公平改革取向。

三、补偿性原则

补偿性公平是高等教育公平的应有之义,其核心议题是关照和体现弱势群体的教育诉求,在高等教育利益关系进行分配时采取适度倾斜政策对教育中处于不利地位的群体进行教育补偿,以一种看似的"不平等"

---

① 景安磊,周海涛.高等学校考试招生制度改革的四维向度[J].高等教育研究,2017(8):18-22.

来矫正教育机会竞争中的不合理因素,确保实质意义上的结果公平。补偿性原则是高等教育公平体系的另一条主线,其实质是在社会发展失衡的多重外部条件约束下,将高等教育公平的实现诉诸补偿性制度的合理安排,通过制度的调整、利益关系的协调以及教育机会的补偿,缩小不同群体教育获得方面的差距,最大限度地体现政府的责任、制度的包容性价值和人文关怀。[①]

补偿性原则体现高等教育的实质性公平。"规则面前人人平等"是平等性原则内在要求,但我们必须看到社会中每个人的起点是有差别的。平等性原则依据能力、分数等对高等教育机会的分配仅实现了形式上的平等,必然导致弱势群体的教育权益无法保障,不利于社会阶层的纵向流动,从而导致结果的不平等。我们在平等性原则的基础上,注重对弱势教育群体的权益保护,以矫正平等性原则的不足,体现高等教育对实质公平的追求。这也与罗尔斯的制度伦理思想是一致的,即"差别补偿原则"要求公正的分配,既要做到"无差别公平"(相同条件同等对待),也要兼顾"差别公平"(不同条件不同对待),那种真正为弱势群体带来补偿利益的"不平等分配"也是被允许的。高等教育公平以"平等保障与差别对待"为基础做好教育公平中程序公平与实质公平的有效衔接、统筹推进与系统落实,通过两者的有机结合最终达到实质公平的目标。

补偿性原则基于制度寻求多层次的保障途径和方法。补偿性原则关注的弱势群体包括农村学生、贫困家庭学生、少数民族学生、残障学生等,并注重从整体出发寻求差别对待和补偿性的系统谋划。当基本的平等保护实现后,对于弱势群体,在倾斜保护的原则下,还需进一步设计补偿性项目和寻找切实可行的保护性举措。[②] 历史和现实的诸多因素致使教育资源、教育质量、教育机会等多方面的失衡,教育弱势群体在教育竞争中处于相对不利的境遇,我国系统设计了针对中西部地区的招生协作计划、

---

① 糜海波.论教育伦理视域下的教育公正[J].高等教育研究,2017(2):20-24.
② 覃有土,韩桂君.略论对弱势群体的法律保护[J].法学评论,2004(1):60-64.

针对农村贫困地区的定向招生计划以及对少数民族考生的高考加分政策等,这些措施主要体现了补偿性原则,体现了高等教育对于弱势群体给予的伦理关怀,充分发挥了高等教育在消弭社会差距以及促进社会公平方面的积极作用。

补偿性原则对于推进高等教育公平具有重要意义,针对弱势群体的教育补偿政策也成为世界各国推进高等教育公平的主导性政策。如美国实施的"肯定性行动计划",在录取政策方面实行特别的招生计划,对少数族裔提供补偿性教育机会,以消除高等教育录取过程中的种族歧视等问题。[①] 法国以巴黎综合理工学校、巴黎政治学院等一批大学为代表,掀起了社会开放性运动,推行一系列倾斜性招生项目以协助弱势群体子女就读大学来推动高等教育机会公平。[②] 韩国政府施行"高校招生机会均等分配政策",在招生录取过程中为弱势群体考生单列招生考试计划并设置"差别保障标准",增加弱势群体子女进入大学学习的机会。[③] 这些补偿性政策体现了公正伦理的价值追求,在扶助社会弱势群体、推动教育公平方面发挥了积极作用。

第三节 高等教育公平的制度条件分析

当代中国高等教育事业的迅速发展,以及伴随这一发展进程而出现的种种教育不均衡、不协调、不公正等问题,是引发人们对高等教育公平问题关注的最直接的现实背景。影响高等教育公平的因素是多方面的,多种因素的相互作用,决定了高等教育公平的相对性与复杂性,也决定了

---

① 孙渝红.美国高等教育中的少数族裔问题探析[J].比较教育研究,2008,(12):37-41.
② 王怡伟.新世纪法国大学校社会开放运动探究[J].比较教育研究,2013(5):79-84.
③ 凌磊.韩国一流大学弱势群体招生考试探析——以首尔国立大学、高丽大学和延世大学为例[J].外国教育研究,2017(11):16-27.

我们在探讨"在高等教育资源、机会供给有限的情境下通过什么途径选拔什么样的人接受高等教育"时经常会陷入两难的境地。加强制度体系建设,全面提升高等教育公平的制度保障,仍然是当前及未来一段时间高等教育改革的核心主题。根据上述高等教育机会获得影响因素的分析,结合我国实际情况,在特定社会环境中推进和逐步实现高等教育公平的愿景和目标,有赖于高等教育公平的制度伦理建构。

一、制度规范的维度:多维度的需求表达

高等教育公平研究的最终归宿是找到解决教育公平问题的方法和途径。以平等性原则、差异性原则和补偿性原则等公平理性作为现代高等教育的美好愿景和政策选择的理性基点,不仅意味着高等教育政策视角需要转换,而且表明了高等教育制度建构和制度发展的若干实践维度。

1. 教育制度能否为切实增强适龄青少年的教育选择提供现实条件

高等教育公平的核心是怎样满足更多、更好、更合理的教育需要,这需要通过高等教育体制改革,增加教育的丰富性和多样性;需要制定和完善能够促进教育公平的教育政策和制度体系,满足学生和家长的选择性需求。在我们追求高等教育公平的过程中,既要尊重人们受教育权力的平等,也要正视个体禀赋、能力、兴趣、爱好的差异性,实现学生有选择的个性化教育。"教育的多样性是教育中差异性的表现和教育对于差异性的尊重和适应","教育多样性是个人完善发展所必需的"。① 整齐划一的人才遴选方式和同质性、标准化的人才选拔标准无法有效满足学生差异性的发展需要,为了充分保障学生教育机会的选择性,需要持续、深入地推进制度层面的系统改革。而且从终极意义上讲,保障学生发展的多样性,实现成长方式的丰富性,让每个学生的个性得到充分尊重,先天禀赋实现自由发展,这也是最公平的教育方式和最有效的教育结果。

---

① 刘复兴.教育政策的价值分析[M].北京:教育科学出版社,2003:129-131.

马克思指出："关于永恒公平的观念不仅因时因地而变,甚至因人而异"。[①] 作为平等的个体,每一个教育对象不仅具有生而平等的一面,更有生而不同的一面。个体的差异性和选择的多样性应得到普遍尊重。选择性教育机会就是将高等教育公平置于这种语境中而得到一个新的理解和解决公平问题的视角,即我们在追求教育机会公平的进程中,不应忽视每个生命个体因遗传因素、生命环境、人性内涵的不同而产生的需求差异,也不应忽视个体能力特质的多样性、自主选择的丰富性以及具体展现方式的差异性等主观因素。高等教育要能够为人的多样性、差异性提供可选择的空间,包括教育机会种类丰富性、层级差异性、类型多样化等,保障个体能够根据需要选择最适宜自己发展的职业意愿、教育类型,使教育真正切合人的多样化发展需要。[②] 教育制度应当以人的自由发展为价值导向,围绕"差异性需求"以及"选择性教育"构建制度框架。为保障个体丰富的发展方式和多样化的选择空间,要丰富教育供给结构,打破利益固化的藩篱,消除一切歧视现象,保证畅通的社会流动渠道。另外,要防止技术性地执行某种僵化的平等标准,导致高等教育结构性或功能性趋同,从而丧失为不同学生创造选择性发展空间的可能。从长远来看,实现一种以个人差异为前提的选择性高等教育公平,使每个学生的发展潜力都能够得到充分开发,构建一种"基于平等又超越平等"的价值理念指导下的自主选择教育的自由样态,必将成为高等教育公平的重要发展方向。

2. 教育制度能否为教育机会获得提供清晰的规则保障和价值指引

高等教育公平作为一种差异性公平,试图将公平性原则与效率性原

---

① 中共中央马克思恩格斯列宁斯大林著作编译局.马克思格斯选集(第3卷)[M].北京:人民出版社,1995:126.

② 劳凯声.教育机会平等:实践反思与价值追求[J].北京师范大学学报:社会科学版,2011(2):5-15.

则整合起来，努力形成既能够有效选拔人才又促进教育公平的制度安排。在差异性公平价值诉求的前提下，高等教育机会对于每个适龄青少年都是开放的、自由的、可竞争的。差异性公平的中心指向规则与制度的构建，即通过公正的制度性安排，努力创造一个能够为高等教育机会的获得提供清晰的规范、引领和保障的制度体系；要以高等教育公平中存在的问题为出发点，对"供给障碍、价值问题、实施困境"等制度缺陷予以反思及回应。通过恰当的制度安排，增加自致因素在教育机会获得过程中的主导作用。经过一系列竞争性选拔方式，从工具性、技术性和价值规范的角度为不同社会阶层提供一个凭才能获得机会的渠道，实现在高等教育选拔机制和教育机会分配机制等方面遵循"同一个标准""同样的对待"的公平准则，以天赋和努力程度为依据使有才能的人得到发展机会。如果个体之间的机会不平等，是个人努力程度不同所造成的能力分化以及个体根据自身的能力条件而做出选择的结果，这也正是高等教育公平中具有普遍价值认同的"机会均等、公平竞争、优胜劣汰"的基本精神。

根据吉登斯结构理论，制度、规则体系作为一种原则性的结构特征，可以体现在例行化的社会行动中，对调节人们的各种利益关系起到限制、引导与推动作用。[①] 教育制度的核心和关键在于统一的规范性标准的建构，通过对教育利益关系的调节，改善个体之间的教育机会不平等状态，从而引导高等教育公平的实现。加强教育制度的规范性建构是今后一段时期教育改革的一个普遍共识。如何加强体现公共精神的教育制度设计，如何为适龄青少年在教育机会获得方面提供清晰的规则保障和价值指引，这既是制度价值理性的常态性问题，更是制度工具理性的关键性问题。公平竞争是高等教育机会的灵魂和根本，科学选才是高等教育招生考试制度建构的基本价值。自 1977 年以来，高考制度得以恢复并确立了"分数面前人人平等"的录取标准，打破了对考生的政治身份、家庭背景、

---

① 吉登斯.社会的构成[M].李康，译.北京：三联书店，1988：112.

血统关系、金钱财富等方面的歧视,建立了有利于社会流动的教育制度,从而实现了教育权利的平等。政府在高校招生录取制度安排和政策设计方面,应以平等原则为价值导向,以促进公共利益为落脚点,明确高等教育制度的公平价值,使之成为高等教育运行的制度伦理规范与制度价值支撑。今后在高等教育招生录取制度的具体操作方面,要更加强调结构化公平,通过宏观调控大学招生指标的省际差距,建构规范有序、公平公正的竞争体制,促进高等教育科学、有效地选拔人才。通过顶层设计、整体推进选拔考试的制度化设计,构建全新的立体式、结构性的高等教育公平体系。[①] 要通过法制建设加强教育考试权威性和公正性,坚决抵制与杜绝权力寻租,力戒考试作弊、招生腐败等违法行为,减少和规范高考加分项目,增强招生考试过程的公开透明度,保障学生公平公正地参与教育竞争,保证个体平等地获得教育机会的权利。

3. 教育制度能否为弱势群体提供教育机会的补偿机制和发展环境

我们在将教育公平的理念应用于教育实践的时候,应考虑到社会发展不均衡的现实条件,以及高等教育所面临的复杂环境。当前,我国教育公平分配过程的主要弊端在于缺乏完善的机制,不能协调高等教育结构布局的区域失衡对不同地区教育机会配置所造成的分化现象,无法抑制社会阶层和家庭因素对个体教育机会获得所产生的消极影响,也未能消除长期的基础教育失衡所导致的教育质量的累积性差异对个人成长产生的损害。因此,在制度设计上对弱势群体的教育权利、教育机会进行补偿是维系高等教育公平的重要手段。如果通过加强教育弱势群体的补偿性举措,保障他们拥有平等的教育权益和发展空间,使社会底层群体可以通过自身努力寻求提高社会地位的出路,那么这也是朝着实质平等的方向发展,体现一种形式上的结果平等。以高考招生制度为例,其制度设计的复杂性在于,既要从公正性价值出发,追求平等性教育公平,强调能力标

---

① 沈超儿,单佳平.高考招生新制度——促进学生全面发展的视角[J].中国高等教育,2017(8):36-38.

准和考试公平；又要从包容性价值出发，追求补偿性教育公平，强调兼顾不同群体的教育权益和弱势群体的教育补偿。两者看似矛盾，实则是高考招生公平需要兼顾的两个方面，前者是基础，后者是补充，共同构成教育制度设计和安排的重要维度。

英国法律史学家梅恩曾说："迄今为止，一切进步性的社会运动，都是一场'从身份到契约的'运动"。[①] 防止阶层固化是现代民主社会的重要使命，教育在促进社会阶层的合理流动中承担着重要责任。教育公平要求对弱势群体实施教育机会补偿机制，各国存在不同的行动路径。例如，美国发布《平权法案》并实施"肯定性行动"，对少数族裔以及家庭背景较差的学生上大学给予照顾与优先，使大学生的组成从种族、阶层、性别以及父母教育程度等角度来实现多元化；英国政府设置入学机会的监督机制、审查制度并增加对招收弱势群体学生的高等院校的财政投入；巴西政府于 2004 年推出"大学向所有人开放"，旨在增加社会弱势群体高等教育入学机会；印度政府启动"高等教育机会均等计划""国家残疾人全纳计划"，加大财政支持力度，加强弱势群体学生援助以提高高等教育体系的全纳性。可见，补偿性制度在各国政府践行高等教育公平目标中起着至关重要的作用。我国围绕弱势群体的补偿性制度也提出了一整套重大改革举措，如少数民族高考加分制度、实施中西部招生协作计划、推行免费师范生政策、建立勤工助学体系、实行农村定向招生计划、保障残疾人参加考试的平等权利等，制定和实施了一系列旨在保障弱势学生群体教育权利的政策，在推动社会流动方面取得了积极成效。因此，基于包容性价值的补偿性制度建构，是保障弱势群体教育权益和发展环境的重要举措，已成为政府、社会以及高等学校共同努力的方向。

因此，推进高等教育公平的实践过程，需要明确制度设计的行为逻辑，使制度体系的建构更具有针对性。在当前的社会条件下，高等教育公

---

① Henry Summer Maine. 古代法[M]. 沈景一，译. 北京：商务印书馆，2017.

平能否有效实现有赖于三种基本制度性条件,包括高等教育能否为切实增强适龄青少年的教育选择提供现实条件,能否为高等教育公平提供清晰一致的价值指引和规则保障,能否为弱势群体打破发展困境提供实践环境。这三种基本制度条件彼此依存、相互渗透、形成合力并不断完善以发挥最大公平效能。

二、制度规范的内容:多元化的表述方式

所谓"好"的制度,不只是具有以上所述形式特征,还应该有着内容方面的规定性,做到内容与形式的统一。高等教育公平是一个系统工程,而系统的问题要用系统的方法来解决。教育政策是政府为解决教育问题和达成教育目标所使用的重要手段、工具与方法。教育政策建构是一个关系多元利益主体的重大教育理论与实践问题,需要解决高等教育供给与人的发展需求不平衡的实践难题。在高等教育政策的制定过程中,既要保证高等教育资源"持有"的程序正义,保障"生而平等的教育权利",又不能为追求纯粹的平等而"削足适履",放弃高等教育人才筛选的职能;另外,还要为切实增强教育选择性提供制度条件,在高等教育供给方面实现"自由基础上的公正,平等基础上的差异"的理想愿景。这就需要基于高等教育公平的复杂性特征,建立需求维度、价值维度与结构维度的映射关系,并整合到高等教育公平政策的建构过程中,以政策设计的"价值涉入""公平导向""伦理自觉"为基础,运用层次逻辑和系统思维提出高等教育公平的政策内容体系,并对高等教育公平问题的实践逻辑进行规划。

制度的分析要抓住制度内容方面,也就是要确保相关政策规范具有现实合理性。高等教育公平的政策的形成是一个整体建构的过程,研究内容上可分为宏观、中观、微观层面,宏观政策如加强现代教育体系的制度设计,加快建构体系开放、机制灵活、渠道互通、选择多样的普职融通体系,提升教育的选择性、灵活性和自由度,从而满足人们不断增长的高等教育多样化需求;中观政策如依托资源支持型的政策而设计的、旨在促进

中西部高等教育发展的系列政策,从而缩小地区间高等教育发展差距,达成办人民满意教育的目标;微观政策如入学考试制度的"公正"设计与运行规范等。同时,政府采取的主要政策工具包括建构型政策工具、赋权型政策工具、结构性调控工具、资源支持型工具以及整体性改革工具、项目式改革工具、运动式监管工具、试验型政策工具等多种政策形式,旨在通过多样化路径达成高等教育公平目标。

高等教育公平作为一个存在不同维度的复杂概念,由于它同主体的价值判断有关,体现着不同利益主体的价值需求,因此高等教育公平不是某一方向或某一种价值的"独属",而是多重价值协同的系统工程。好的教育政策必然是内生的、正义的、具有优越性的,它应该能有效保障公民权利、促进教育运行的良性秩序、提升教育公平的程度和水平。在教育政策建构过程中重视"正义"的价值、依据"公平"的原则、处理好"公正"的分配标准,将"自由而公正、平等而差异"作为教育政策基本价值,是解决教育公平问题的关键。高等教育公平必然要与特定的制度框架相结合,同时要具体化为特定的政策或执行机制。我们需要通过科学的制度建构、政策安排,保障基本教育资源供给,同时积极拓展优质教育资源,解决目前广受社会关注的教育机会公平问题,不断为我国高等教育发展注入新的活力。

三、制度规范的体系:多样化的构成方式

高等教育公平是一个系统工程,而系统的问题要用系统的方法来解决。好的制度应该是一个制度体系,结构的完整性是其基本特征。在制度体系中各具体制度蕴含不同的制度伦理价值,承担不同的制度调节功能。在整个制度体系中,有的是根本性制度,关涉教育的基本结构和存在方式,对教育治理起到基础性的规范作用;有的则是规范了具体的教育领域和运行方式,旨在协调各种利益关系。这两种制度类型共同构成了完整的制度体系。制度要想正常发挥功能,任何一种制度类型都是不可缺少的。

　　高等教育公平作为教育领域的复杂治理问题,具有相对性、多元性、非线性、过程性等典型特征。在国家和政府层面,高等教育公平体现为一种教育理念的表达、一种政策价值的倡导和一种教育措施的颁行。尤其是教育制度作为维系高等教育发展的基础,也构成了高等教育公平的一个重要治理空间。例如,目前我国高等教育发展水平地区差异还比较明显,国家要通过政策调控尽可能缩小地区间高等教育入学机会的差距,尽可能地实现不同省域录取率的均衡。国家教育行政部门应通过调控措施限制中央部委属高校在其所在地的招生比例,进而均衡其在各省的招生计划,甚至实现向高等教育薄弱的省份倾斜,在一定层面上实现优质教育资源的区域均衡。此外,国家教育主管部门应通过各种措施积极鼓励地方高校增加在外省的招生比例,如由国家出资鼓励高等教育资源相对丰富的省(市)把招生指标适当分配给部分中西部地区,切实提高弱势群体的受教育权益。

　　高等教育公平制度的建构涉及不同利益主体,是一个多元化的复杂性问题,需要解决高等教育供给与人的发展需求不平衡的实践难题。例如,当前我们比较关注的城乡教育质量、教育发展水平差距以及重点大学农村学生比例降低等问题,其根本原因还是当前的城乡二元结构以及与其相伴随的"城乡两策,重城抑乡"的资源配置方式,不但加剧了城乡教育发展的不平衡,也使城市教育和乡村教育分别形成了两个"内发展""内循环"的教育系统。从未来发展趋势看,城乡教育一体化亟须建立起覆盖宏观层面的战略体系、中观层面的规划体系和微观层面的协调体系,以教育一盘棋的总体思路,引领城乡教育朝着"大系统""大循环"的方向发展。因此,必须强化战略规划的引领作用,坚持城乡统筹、一体规划,要加强行政协调力度,探索超越行政区隔和城乡界限,从更高位的目标和以顶层设计的理念谋划城乡教育一体化发展格局。要将农村教育的发展置于区域整体发展的框架之下,从城乡教育协作、城乡要素联动、教育制度整体改革入手,破除城乡教育二元结构,合理配置城乡教育资源。城乡教育一体化要谋划大战略、大平台，着力解决影响城乡教育发展的长期性、全局性和关键性问题，要从"打补丁"式的战术改革向全面深化的战略改革转型。应建立政府、社会和市场共同推进城乡教育一体化的常态机制，统筹城乡教育布局与结构、发展规模与速度，统一城乡学校建设标准、城乡学校教学质量标准、城乡学籍管理标准以及城乡教师待遇标准等，通过编制城乡一体的战略规划、制定科学的城乡一体化标准、完善质量督导评估机制，实现城乡教育的协同发展。根据城乡人口变化、流动趋势和城市建设发展状况，按照供需协调、适当提前的原则统筹城乡教育资源，根据人口流动趋势对教育资源配置的需求做好城乡学校布局结构调整规划；按照城市核心区、边缘区、近郊区、远郊区等不同功能区域的常住人口基数配置公共教育资源，形成一个能够承载常住适龄儿童就近入学需求的城乡教育体系。

制度体系的建构是解决复杂性问题的一个基本路径。顶层设计高等教育公平政策需要明确的一个立场，就是注重政策体系的多维化构成方式。既要加强单一的、个别的、具体的政策设计，更要注重教育政策的整体性和互洽性，发挥教育制度的综合协调功能。由于高等教育公平的价值是多元的，包括了平等性价值、包容性价值、自由性价值等不同维度，所以教育公平政策只有在整体、系统意义上的建构才具有意义。如果以个体的视角评价制度，就会面临一个问题，每一项教育政策都具有某一特定功能，有些政策的功能指向方面是互相排斥的，比如"阳光招生"政策指向公正性价值，通过公开、透明、能力至上的考试，公正地选拔人才，实现教育机会分配的规范性；"定向招生"政策指向包容性价值，通过对农村贫困地区等弱势群体进行教育机会的补偿，保障教育权益的均衡和教育制度的"实质正义"；"自主招生"政策则倾向于自由性价值，针对当前统一高考的弊端，是对高校招生考试制度的改革与尝试，注重学生综合素质和发展潜力，注重学校与学生的自主选择。这些制度具有不同的制度伦理基础和价值追求，需要在整体、系统中把握每一项具体教育政策的意义和价值。

单独地看某一项具体的教育政策,由于其政策出发点在于某些价值的特殊安排,可能是看似不合理的,但如果在一个更为完整、更高层次的制度系统中来看,它却可能有更高的价值理由,是一种不可缺少的制度建构。制度是一个体系,"体系"的要义就是整体性,即管理上的统一闭环,程序上的严丝合缝,运作上的有始有终。对于制度的评价,包括对某一个单体制度的规范性、可操作性等方面的评价,也包括对某项职能的制度集合进行适配性、覆盖性等方面的评价,还包括对总体的制度体系进行全面性、综合性、系统性的评价。只有注重制度的整体性、系统性以及多维度性,教育制度评价才更具有现实的意义。

四、制度规范的形式:完整性、有效性与普适性

好的制度应该是内容与形式的统一。内容主要反映制度如何处理社会成员相互间权利-义务关系以及如何处理利益协调方面的问题;形式主要反映制度是否具有自洽性、严密性、有效性等。所谓"好"的制度,总是通过系统性、实效性、普遍性等一系列具体形式呈现出来,并得以成为具体存在,因此制度的建构具有形式上的规定性特征。

有效的制度是一个完整的制度体系。这个制度体系的一个重要特征是具有系统性,包括基本制度、非基本制度以及一系列特殊制度,这些制度之间具有系统性、互补性和自洽性,不同制度相互匹配,构成一个功能齐全的规范体系,从而对完整的社会结构系统起着规范作用。例如,以高等教育的招生录取制度为例,作为计划经济时期的特殊产物,配额制仍是我国高校招生的一个基本制度,所谓配额制就是将大学的入学机会以省为单位进行分配,高等教育资源布局的理想状态应与区域经济发展以及区域人口布局相一致。高等教育资源配置的外在不平衡主要表现为高校区域布局的非均衡性,以及优质高等教育资源的非均衡性。这种外在的不平衡导致高等教育权益将在不平衡的供需结构和入学机会中受到限制。准确地说,大学的社会责任不是由其地理位置决定的,其价值取向主

要以知识的生产、传播和应用为转移。在学术圣殿中,所有人都享有平等地接受高等教育的权利和机会,大学对于人才的选拔也应以资质、能力为主要评判标准,即根据学生的素质决定其应接受什么样的高等教育。对于入学资格的确定,是在相应的能力判断和价值认同中进行的,而不应为地域和户籍等外在因素所确定。教育资源配置不均衡导致的高等教育权益失衡必须通过制度、政策等手段加以调节。因此,高校招生录取制度除配额制这一基本的制度以外,还需要一些起调节性或补偿性的制度,如针对中西部地区、少数民族地区学生的定向招生等系列举措,以提升教育制度的公平导向,有效推进招生录取环节的公平。尽管每一个具体制度都是重要的,但是教育制度功能的有效发挥在于制度系统,在于制度与制度之间的吻合、制度体系的协调、基本制度与特殊制度间的相互匹配。单独的某一项制度更倾向于具有某一种功能,承担某一种价值,有的是基于效率,有的是促进公平,这些制度要具有自洽性、互补性,能够形成一个制度系统,发挥整体作用。不能寄希望于某一项制度能够发挥所有功能,即使再好的制度,也有其发挥作用的领域,要通过建构制度体系,通过制度系统的结构性与规范性来实现各项治理功能。

　　"好"的制度在形式上应该是效力与实效的统一。所谓的制度"效力",是指制度具有合法性根据,并以合法明示的方式明确规定有约束力的行为规则要求。所谓的制度"实效",是指制度通过各种维护力量,能够有效地规范与调节社会日常生活。[①] 我们所制定的各项教育制度,无疑是为了规范教育行为、保障教育正常运转,是搞好教育事业的基本保障。有了各项教育制度,我们在教育治理过程中才能有法可依、按制度办事。制度的关键在于落实,形成一个效力与实效稳定统一的规范秩序,把制度的行文落实到具体的工作中,从而有效引导社会成员的价值精神。无法落实的制度,就只是一纸空文,只是挂在墙上的形式,没有任何实用价值和

---

① 高兆明.制度伦理与制度"善"[J].中国社会科学,2007(06):41-52+205.

效果。现实中,我们强调制度建设,也制定了许许多多的制度,形成了一套稳定的制度体系,但我们距离理想的状态还有很大差距,仍存在制度得不到执行的现象,或制度不健全的问题。如果已经建构的制度体系起不到应有的作用,就算制定再多的制度,最后也是无效的。我们的教育体系强调现代治理,需要依靠制度,我们的核心价值观要"讲法制""守规矩",依法治教,按制度办事,确保制度的科学性,并得到有效的贯彻执行,这是我们未来抓制度建设的基本思路。另外,效率问题也是评价教育制度的重要方面,好的制度要能够有效调动人们的积极性与创造性,高效地组织政府的行政行为和管理活动,使教育治理过程富有活力,能够有效选拔人才,促进教育发展,创造更优秀的文化和科研成果。

从制度对象而言,"好"的制度应当具有普适性。首先,要保证制度的稳定性,即制度规范在内容上能够契合一致;制度的实施过程能够上下通达;制度的实施效果能够前后一致,不存在号令不畅通或者朝令夕改的现象。其次,在形式上具有制度普遍性,能够使制度所包含的规则能无差别地一致实施,而不会因人而异。最后,制度的普适性还表现在能够对"潜规则"的有效杜绝。所谓潜规则是指称人们私下认可的一类行为规则,它是不可明示、约定俗成或与明文规定的制度规则不一致的规则体系。教育的利益分配不应该存在潜规则,但现实中潜规则又确实存在,并影响着正常的教育秩序。例如,高考招生中长期存在的"体育特长生加分政策",其制度的监督机制尚未形成,对权力的制约形同虚设,导致制度在实践过程中存在不公开、不透明的问题,制度异化、潜规则和以权谋私的现象比较严重。据报道,湖南省体育局在一次清理督查中就发现,个别"国家二级运动员"百米跑的成绩甚至不如一个普通小学生,之所以产生这种令人啼笑皆非的现象与高考加分政策设计的不科学、不合理有很大关系。[①] 一些高考生之所以能获取运动员技术等级资格,靠的并不是体育实力,而是

---

① 刘华.我国高考招生录取的法律程序规制[D].湘潭大学,2009:5.

家里的"关系"和"背景",如果不能优化制度设计和堵住高考加分政策漏洞,这种明目张胆的公开造假事件将屡禁不止,不把权钱交易和潜规则从高考招生制度体系中驱除,高等教育公平就难以得到保证。因此,我们强调制度的普适性,它至少可以通过公平、公开、透明的规则体系给人们以清晰的指引,使受这种制度约束的人们有明确的可预期性,能够在有限范围内尝试根据这种制度安排来争取与维护自己的某些权益。

第五章

制度分析：
高等教育公平制度体系的质性研究

>>>

所谓"高等教育公平制度"是指教育制度规范体系中那些有助于缩小高等教育差距、提升高等教育公平水平的制度体系。高等教育公平作为表征社会民主化和现代化的重要标志，是推动社会公平、构建和谐社会的一个重要动力。中国历来具有重视教育公平的传统并注重相应的政策体系的建构，从中华人民共和国成立之初的"教育必须为无产阶级服务"到21世纪提出"把促进公平作为国家基本教育政策"。我国不断完善促进高等教育公平的政策体系，将高等教育公平作为一项重要的民生工程和复杂的系统工程来推进。可以说，中国高等教育公平是国家政策主导下的渐进式发展过程，在我国高等教育由精英教育、大众化教育向普及化阶段迈进的重要历史阶段，通过对高等教育公平制度的系统分析，科学认知高等教育公平的复杂性，对于有效保障高等教育权利、整体推进高等教育公平具有重要意义和现实价值。

一般来说，高等教育公平的影响要素比较复杂，涵盖社会、经济、教育等多个层面的历史因素与现实问题。高等教育公平的实现需要"系统的社会支持"，其中制度支持至关重要。高等教育的机会分配、资源配置、招生录取等一系列重要环节要实现公平和公正，必然离不开教育制度的保驾护航。从这个角度而言,梳理制定高等教育公平制度的演进脉络,聚焦制度体系及文本内容所蕴含的制度伦理精神和制度伦理结构,具有非常重要的理论意义和实践价值。

新制度经济学派的代表人物诺斯认为,"制度是一系列规则、程序和行为的道德伦理规范,它旨在约束追求利益或效用最大化的个人行为。"[①]布罗姆利将制度界定为"确定个人、企业、家庭和其他决策单位做出行动路线选择集的规则或行为准则。"[②]也就是说,制度的普遍意义是规则或行为准则。对高等教育而言,制度是维系其正常运作和发展的基础和前提,也构成了教育发展的现实空间。高等教育机会的分配是基于一定的分配规则进行的,教育平等权利的实现、教育机会的公平分配、教育资源的合理配置受到教育制度的制约。尤其在现代社会,人们对于高等教育的需求呈现出差异性、多元化、复杂化的特征,需要通过制度创新实现教育体系在供需、结构、利益、价值等不同维度的改革,以有效地协调不同群体的教育权益和教育机会。可以说,高等教育机会公平在本质上是通过制度的方式实现的,教育制度的公平、公正、包容、合理等价值属性,是形成教育公平运行机制的前提。教育制度对于利益关系、供需矛盾、价值冲突等的协调效果在高等教育公平实现过程中起到了举足轻重的作用。

在推进高等教育公平的过程中,要发挥教育制度的决定作用和应有价值,必须以公平、公正为价值基础改革教育制度中存在的问题,发挥制度伦理的导向性作用,加强制度反思基础上的制度调适与制度优化。我国高等教育公平的制度供给还保留着计划体制下分配性制度的痕迹,没有随着教育公平的时代诉求和高等教育的发展形势、阶段性任务的改变而及时调整;另外,我国教育制度建构中的制度缺失或不健全也制约了教

---

① 道格拉斯·诺斯.经济史中的结构与变迁[M].上海:上海三联书店,1994:225-256.
② 丹尼尔·布罗姆利.经济利益与经济制度——公共政策的理论基础[M].上海:上海三联书店,1996:49.

育制度对于教育权利保障、教育机会分配、教育利益关系协调、教育资源合理配置等方面的系统功能。高等教育公平制度的系统优化，需要制度伦理层面的深度反思，即综合教育制度的公正性价值、包容性价值和发展性价值不同伦理维度，构建教育制度体系的系统分析框架，通过制度文本分析和话语分析评估高等教育公平的制度供给现状、结构、政策重点以及存在问题等因素，以期为构建我国高等教育公平、公正的制度体系提供政策建议。

第一节　研究方法

制度是人类社会用来组织公共生活、规范利益关系、约束个体行为的法律、准则、契约和规范。我国高等教育公平制度作为高等教育利益关系分配的准则和规范，主要有中共中央、国务院以及相关教育行政部门制定的各种教育政策，包括法律法规、通知纲要、意见条例等多种形式。这些教育政策是反映教育制度的一个关键变量，是关联教育制度和伦理价值的一个重要契合点。教育政策作为国家管理高等教育的基本手段，在现代高等教育治理中发挥着关键性作用。正如戴维·伊斯顿所言，"政策是对全社会的价值做有权威的分配"，教育政策是国家对全体社会成员的教育权益进行权威性分配的行为准则和行动方案，集中反映了高等教育制度的目标价值、战略重点、制度工具和关键举措等。正是由于教育政策承载着制度所具有的利益分配和调节功能，其制定和执行过程表达了不同利益主体的教育权益和教育诉求。因此，教育政策不仅能够集中反映教育制度对主体的教育利益冲突的协调手段、协调方式和协调水平，也是呈现教育制度伦理价值的主要途径和重要载体，即教育政策是对教育制度进行伦理评价的重要分析对象。

教育制度的伦理价值具有不同的向度。教育政策的价值评判和伦理选择是政策制定者在自身价值判断基础上所做出的一种集体选择,它体现了一种价值追求和政策偏好。① 公正性、包容性、有发展性是本书描述教育公平制度伦理价值结构的三个基本向度,而教育制度的伦理价值不仅体现在制度设计过程中,也呈现在制度运行、制度评价和制度调适过程中。所以,制度伦理评价的过程不仅是简单的伦理分析和价值评判,还涉及这种制度伦理价值通过何种途径呈现问题。各种教育法律、行政法规、部门章程、规范条例、措施办法等政策文本是教育制度伦理价值最直接的载体。也就是说,教育制度的伦理评价不是凭空的,它必须基于已有教育政策,即在对教育政策的内容文本及其蕴含的价值体系分析的基础上实现制度评价的过程。正因为如此,教育制度的伦理价值必然关联着教育政策,并最终通过教育政策来实现。本书以我国不同时期发布的法律、意见、条例、措施、办法、规程等政策文件作为样本,对我国高等教育公平制度的价值结构进行了分析,建构高等教育公平制度的系统分析框架,通过编码和建立树状节点系统并结合实践对高等教育公平制度执行中一直存在的问题进行了探讨。

一、数据采集

为全面准确地把握我国高等教育公平制度建构的现状,课题组在对中央人民政府门户网站、教育部门户网站进行主题检索的基础上,对《中国教育年鉴》《中国教育考试年鉴》进行专门查阅,将符合以下标准的制度、政策文本纳入研究样本。

时间期限:政策发布时间为 1985—2022 年

主题范围:(1)与高等教育公平密切相关的高等教育招生、考试、录取政策及教育机会供给、分配、调适制度;(2)制度形式为法律、行政法规、部门规章、规范性文件、政策解读、发展规划等制度文本。

① 张烨.教育政策分析的制度伦理视角[J].清华大学教育研究,2005(1):34-39.

选择流程：根据以上范围，首先，选取标题与高等教育招生、考试和教育公平等主题非常一致的制度文件；其次，通过阅读制度文本，选取标题中虽不含研究主题，但正文中涉及有关高等教育公平的内容的制度；最后，对搜集到的政策文本进行整理，排除同类或重复发布且内容非常一致的制度。通过上述方法对政策文本进行梳理，最终共选择 80 项政策文本作为分析对象。经过征求政府决策部门、教育咨询机构、教育研究人员、家长及学生群体意见，认为政策采集具有代表性。

二、研究工具选择

高等教育公平的制度体系作为一种系统规则的安排和设计，对其进行精细化分析具有相当的难度。从现有的研究来看，相关制度研究主要呈现四种不同路径：一是运用内容分析法在对制度文本进行关键词提取、编码、归类的基础上进行适当的统计分析；[①]二是将文献计量、网络分析、知识图谱等相关研究方法引入政策分析领域进行制度文本的量化研究；[②]三是构建系统的制度分析指标，通过定量研究方法对制度文本中可测的指标进行评价；[③]四是利用政策工具的分类模型、选择模型等对制度文本内容维度、时间维度、空间维度的制度改革、发展与演变进行研究。[④] 本书采用第一种研究路径，即通过内容分析法剖析制度文本的价值结构。

内容分析法作为一种实证科学研究方法，主要以经验理论确定分类标准和界定分析范畴，以关键词提取、人工编码进行资料整理，将文献内容加以量化分析，得出有社会科学意义的研究结果。本书利用 NVivo 质性分析软件通过对 80 个教育政策文本进行编码和归类，试图整理分析在

---

① 王海平.学校教育与校外教育结合的政策话语演变——基于 NVivo 的政策文本分析[J].教育理论与实践,2017(28):22-26.

② 黄萃,任弢,张剑.政策文献量化研究：公共政策研究的新方向[J].公共管理学报,2015(02):129-137.

③ 彭辉.基于内容分析法的上海市科技创新政策文本分析[J].大连理工大学学报：社会科学版,2017(01):157-163.

④ 曲洁.义务教育改革与发展的政策工具研究[J].复旦教育论坛,2011(5):9-13.

教育公平政策文本中的一些制度伦理价值及其内在联系。NVivo 是美国
QSR 公司设计开发的一款辅助性数据分析软件,其优势是能够对政策文
件、访谈资料、问卷调查、音频资料等无序信息进行有效的组织整理和信
息加工,是质性研究、混合研究经常用到的一种研究工具和分析方法。本
文在前期研究的基础上,利用 NVivo 软件录入相关制度文本资料,构建
"公正维度-包容维度-发展维度"的制度分析框架。在此基础上,研读制度
的内容及关键性信息,从而对我国高等教育公平制度的价值结构展开系
统而深入的研究。

三、制度编码方法

所谓编码,是指创造类别并将既有的客观现象进行归类的过程。[①] 对
于计算机辅助分析程序来说,编码已经成为现代研究方法的关键特征。
在本书中,编码是对制度文本的某一段落进行关键词提取或标签标注,从
而将资料化繁为简,实现对制度文本的解构、归类、分析的过程。制度编
码是相当重要、甚为关键的步骤。在 NVivo11 软件的导航栏界面中可以
看到"材料来源、节点、分类、集合、查询、报表"等内容,编码主要通过节点
的功能选项来实现。节点的作用是连接分析资料的编码位置,形成清晰
的概念框架,因此节点可分为自由节点和树状节点。自由节点是指不知
如何归类的段落或文章,是与其他节点并无清楚逻辑结合的独立节点;树
状节点是指那些存在主从关系且能被分类、具有树状结构的节点。本书
是以教育制度中的制度伦理为研究视角,以教育制度的价值结构为分析
框架,因此研究范畴和概念框架比较清晰,在编码之前建立了节点系统,
具体见表 5-1。

---

① 许文彬.信息、制度与制度变迁[J].学术月刊,2010(7):78-86.

表 5-1 高等教育公平制度的节点系统

Tab 5-1 The Node System of Fair Higher Education

名称	材料来源	参考点
教育制度的公正性维度	40	84
招生制度的公正性	31	48
考试制度的公正性	18	36
教育制度的包容性维度	44	129
中西部地区教育权益保障	17	39
少数民族教育权益保障	15	23
农村贫困人口教育权益保障	22	43
残疾人教育权益保障	13	24
教育制度的发展性维度	27	64
选拔与录取方式多样化	18	33
教育体系的融通性	16	31

在完成节点关系和节点系统后,通过 NVivo 软件对导入的制度文件进行编码,形成各级节点的从属关系。按照层级关系,可以将节点分为 3 级节点、2 级节点和 1 级节点。其中,3 级节点是政策文本中提取的关键词并以此作为原始信息点,2 级节点是将 3 级节点(关键词)进行归类、整合并使之具有一定类别属性,1 级节点则是根据相应的理论框架而产生的。因此,在编码时,便将相关制度内容、制度工具按照三个维度进行归类。本书对于高等教育公平制度的表述主要是从公正性制度、包容性制度、发展性制度三个维度展开。因此,1 级节点主要围绕教育制度的公正性、包容性和发展性三个维度展开,2 级节点则是根据教育制度文本中有关方面内容的类别特征整合而成。

四、编码信度的检验

为避免研究过程中编码环节的主观性,需要对编码的一致性进行检验,即编码信度检验。一般而言,编码信度检验可以采用同意度百分比作

为分析标准,如果同意度百分大于 70%,一般认为编码信度是良好的。同意度百分比公式为

$$同意度百分比＝\frac{相互同意的编码数量}{相互同意的编码数量＋相互不同意的编码数量}×100\%$$

　　在研究过程中,邀请本领域的一名科研人员(从事教育战略与政策研究的副研究员,熟悉 NVivo 软件、编码程序与教育公平制度体系)对 80 篇制度文件按照建立的节点系统进行了重新编码,然后计算两者的同意度百分比。结果显示,相互同意的编码数量为 245 个,相互不同意的编码数量为 32 个,按照计算公式,同意度百分比＝245/(245＋32)×100%＝88.45%,高于 70%,说明编码信度良好。

第二节　研究结果与分析

　　基于制度伦理视域下高等教育公平制度相关分析的研究成果,对 80 篇教育制度、政策文本进行了编码,共得到 490 个编码点,涉及高等教育制度的公正性、包容性以及发展性的参考点数分别为 174、130、186 个,各占总数的 35.51%、26.53%、37.96%。由此可见,当前我国在推进高等教育机会公平的实践中,有关制度建构有了一定的基础,这对于现实中保障和实现高等教育机会公平起到了基础性作用。

一、高等教育制度的公正性维度分析

　　高等教育公平的重要内容是"考试制度"的科学公正以及"招生制度"的公平合理,因此需要对招生考试制度进行详尽考察。"考试制度"的公正性表现在高校人才选拔始终坚持以能力为主要标准,建立有利于公平竞争、公正选拔、择优录取的教育考试制度,不断完善考试技术手段,提高考试效度,增强选拔的科学性。"招生制度"的公正性表现在招生计划分

配的公正性、招生录取机制的公正性和录取环节的公正性等方面,是国家对教育机会进行配置时所依据的合理规范或平衡原则。由于招生考试制度涉及的利益相关者众多,价值诉求多元甚至相悖,因此在制度设计上十分复杂。从制度建构的视角,将考试制度和招生制度作为公正性制度的两个重要维度进行制度文本分析,以期更加全面、合理地澄清公正性制度建设现状并分析存在的问题,具体节点系统见表 5-2。

表 5-2　　　　　　　　　　高等教育公正性维度的节点系统

Tab 5-2　　　　　　　　　The Node System of Justice System

名称	材料来源	参考点
教育制度的公正性维度	40	84
招生制度的公正性	31	48
择优录取、公平竞争、公正选拔,维护考生合法权益	1	1
完善和规范自主招生,加强信息公开和监管工作	7	7
实施高校招生阳光工程,保障公众知情权、参与权与监督权	16	17
强化招生规范管理,加大违规查处力度	14	14
规范特殊类型招生,严格执行招生政策	1	1
规范高等教育招生计划管理工作,突出公平政策导向	7	7
部属高校严格控制局地招生比例	1	1
考试制度的公正性	18	36
增加使用全国统一命题试卷的省份	1	1
严厉整肃考风考纪,保障考试安全	8	8
完善流入地参加升学考试的政策措施	7	7
完善国家考试科目试题库,保证考试科学性、导向性和规范性	2	2
深化考试内容改革,科学公正选择人才	5	5
减少并规范高考加分项目	6	6
加强考试管理,完善专业考试机构功能	1	1
加强法制度、信息化建设,保障考试安全、公正	3	3
加强对高考移民的综合整治	3	3

1977 年我国恢复高考制度,意味着我国的人才招募体制重新回到以

学业能力为主要标准的轨道上，这一具有"绩能主义"性质的人才选拔机制最大限度地撇清了教育机会获得与非合理性因素之间存在的内在关联。随后虽历经多次招生考试制度的重大变革，但高等教育一直秉承着最为严格的成绩筛选机制，以考生成绩为标准将其分配到不同位序的学校和专业中接受训练，这一人才选拔标准及方式成为教育制度公正性的核心，有效地保障了我国高等教育的公平性。从考试制度情况来看，高考制度建构的重点在于提升考试效能和人才选拔的科学性，因此《国家中长期教育改革和发展规划纲要（2010—2020）》提出了要"完善专业考试机构功能"，"深化考试内容和形式改革"，"加快建立着重考查学生素质和能力的综合评价体系"等内容。从"知识立意"转变为"能力立意"是当前和未来一段时间高考命题调整和改进的重点。但是，由于对于"能力考察"的理论认识和技术手段不足，高考的能力考查还未形成成熟的路径，仍面临着较大的挑战。另外，在保持高考制度科学公正的基础上，针对考试环节的违纪违规行为，教育部出台了《关于全面加强教育考试环境综合整治工作的通知》，严厉整肃考风考纪以保障考试安全；同时，对于高考加分乱象和高考移民问题给予清理和整治。总之，从我国考试制度建构的现状来看，基本确立了以"考试公平"为核心价值的高考制度体系，对于以考生能力为遴选标准、科学合理选拔高等教育人才起到了重要作用，基本保障了高等教育机会的公平、公正。高考制度已成为防止阶层固化、实现社会良性流动的重要渠道，在推动社会公平方面发挥了重要作用。

招生录取制度的公正性主要体现在招生计划分配的公正性、招生录取标准的公正性、招生录取过程的公正性等方面，招生录取制度要符合学生教育成长的需要，有利于社会的整体稳定，并从这些多元诉求和价值考量出发进行制度的系统设计。我国当前招生制度建构主要体现以下几个特征：一是招生制度受高等学校管理体制影响，《中华人民共和国高等教育法》规定，"国务院统一领导和管理全国高等教育事业。省、自治区、直辖市人民政府统筹协调本行政区域内的高等教育事业，管理主要为地方培养人才和国务院授权管理的高等学校。"随着高等学校管理权限及高等教育财政投入责任的进一步下放,地方高校在分配指标时进一步向本地倾斜,从而加剧地区间教育资源不均衡导致的教育机会失衡。二是我国招生体制实际是以地区为主的招生制度,高校招生采取分省定额制,根据该省考生成绩择优录取,因此当前的招生录取公平仅实现了省域范围内的竞争公平。三是我国高校招生的名额配置采取的是行政主导的招生计划分配方式,刚性有余、柔性不足。根据我国每年高等学校高考招生计划,地区之间的大学招生录取名额分配仍存在较大差距,导致各省区高考录取率差异较大,录取分数线也高低有别,以"985 工程"大学和"211 工程"大学为代表的重点高校在各省区分布不均,分摊共建的办学模式导致大学的属地化招生,这些因素共同作用,使优质高等教育机会公平问题日益成为社会关注的焦点。这些问题都属于我国招生录取制度建构中长期存在、难以解决的系统性问题。当然,我国政府也开始对此问题给予足够的关注并尝试了制度疏导,如教育部加强对高等教育招生计划编制工作的规范管理,出台了一系列指导意见和相关举措,注重对各省招生计划来源编制工作的宏观指导,加强了对部属高校招生计划编制工作的宏观调控,通过增量改革与存量改革的共同作用,确保新增的招生计划名额优先向高考报名人数多、升学难度大的地区倾斜;突出教育公平的政策导向,着手严格控制中央部委属高校的属地化招生问题,要求将中央部委属高校的招生指标倾斜比例回调至 30% 以内。在教育部的统筹安排下,分省定额的招生制度也开始向一个相对均衡的水平回归。只有在公平、科学、合理的名额分配体系中,考生的平等权利才能得到充分保障。

二、高等教育制度的包容性维度分析

包容性制度是指以补偿教育为手段,以权利保障为目标,以实现教育公平为宗旨的制度体系。通过增加教育机会供给数量和优化供给结构,保障社会、经济、文化和教育等因素造成的教育弱势群体能够参与高等教育的平等权利,使学生不因种族、民族、阶层、性别不同而受到差别对待,以实现不同利益群体多元融合、多样发展的价值目标。任何社会都是存在阶层分化的,因此所谓的教育机会公平,也应该是以承认差异的存在为客观前提。社会发展不充分、不均衡会导致人的发展起点的不平等,正视这种差异是高等教育机会公平的客观基础。公正的教育制度不该是简单地绝对平等化的价值选择,而是要将政策的重心向弱势地区、弱势学校、弱势群体等倾斜,给予他们优先扶持和适当照顾,保证他们不被排除在教育系统之外。① 现代高等教育公平观,旨在使人们通过个人努力、以绩效的方式进入高等教育体系之中,而非依赖于社会地位优势或家庭关系网络。公平的教育遴选机制应致力于减少或消除个人成就与社会背景和家庭因素之间的关联。② 人们习惯于将高等教育作为社会良性流动的重要渠道,也总是寄希望于通过接受高等教育打破代际传递、改变社会境遇、实现阶层流动。因此,高等教育机会公平的实现,需要消除弱势群体不能控制的外在因素对教育成就和教育机会获得的不利影响,走向以天赋和努力程度为根据的高等教育入学机会公平。以包容性制度伦理为基础,在承认社会的异质性和差异的普遍性的基础上,建构完善的包容性制度体系,并制定系统的补偿性举措,已成为实现高等教育机会公平的重要内容。具体而言,我国包容性制度设计主要体现在对于教育弱势群体的教育机会补偿方面,具体节点系统见表5-3。

基于 NVivo11 分析软件,在开放式编码的基础上,根据教育政策学中的相关理论,对开放式编码中有关方面进行了归类。我国高等教育包容性制度的对象主要包括中西部地区考生、农村贫困地区考生、少数民族考生、残疾考生等处境不利的群体。对于中西部地区考生教育权益的保

---

① 文军,顾楚丹.教育公平向何处去? ——基于教育资源供给三阶段的思考[J].国家教育行政学院学报,2017(1):22-29.

② Levin H M. Educational Opportunity and Social Inequality in Western Europe[J]. Social Problems,1976,24(2):148-172.

表 5-3　　　　　　　　高等教育包容性维度的节点系统

Tab 5-3　　　　　The Node System of the Inclusive System

名称	材料来源	参考点
教育制度的包容性维度	44	129
中西部地区教育权益保障	17	39
中央部属高校履行公平职责,招生计划向薄弱省份倾斜	3	3
增加中西部优质教育资源,实施中西部高等教育振兴计划	3	4
优化高等教育区域布局,推进区域教育协调发展	1	1
新增高等学校向高等教育资源短缺地区倾斜	3	4
实现家庭经济困难学生资助全覆盖	3	3
实施支援中西部地区招生协作计划,提高中西部地区高考录取率	10	11
实施对口支援西部地区高等学校计划,促进教育公平	7	8
合理编制招生计划,促进区域入学机会公平	4	5
少数民族教育权益保障	15	23
优化少数民族地区高校布局,提高办学水平	1	1
普通高等学校少数民族预科、民族班招生计划	10	10
扩大招生规模,提高少数民族教育入学机会	1	1
扩大少数民族高等教育入学机会	3	3
加大中东部地区对口支援力度,激发少数民族学校内生潜力	2	2
国家采取措施帮助少数民族学生和经济困难学生接受高等教育	3	3
给予考生特殊照顾,录取时采取加分或降分的办法	2	3
农村贫困人口教育权益保障	22	43
逐步形成保障农村学生上重点高校的长效机制	4	4
完善就学资助体系,绿色通道确保顺利入学	9	10
实施农村学生单独招生计划	6	6
实施农村和贫困地区定向招生计划	12	12
实施地方重点高校招收农村学生专项计划	6	6
扩大农村贫困地区学生接受优质教育机会	5	5
残疾人教育权益保障	13	24
优化高考服务,尤其为残疾考生提供针对性服务	3	3
完善特殊教育体系,加快发展残疾人高等教育	2	2
完善高等学校招收残疾学生政策	2	2
给予经济困难的残疾学生以减免学费等经济援助	5	5
对符合法律法规条件的残疾人,禁止任何招生歧视	5	5
保障残疾人教育权利,努力扩大残疾人接受高等教育的机会	6	7

障,主要是通过调整高等教育招生计划的分配实现,具体包括:(1)完善高等学校招生名额分配方式,招生计划编制要综合考虑生源数量及办学条件等因素,发挥分省定额制的优势以及国家在名额地区分配方面的宏观调控职能,提高中西部地区和人口大省高考录取率。(2)加大"支援中西部地区招生协作计划"力度,努力提高中西部地区高等教育资源相对匮乏省份的高考录取率,在中央部委属高校和高等教育资源丰富省份的高校安排专门招生名额面向中西部地区招生。(3)统筹好招生计划的增量安排和存量调整,新增的高等教育资源重点向革命老区、少数民族地区、边疆地区、集中连片特困地区倾斜,新增招生计划向中西部高等教育资源欠发达、高等教育录取率低的省区倾斜。(4)加大对中西部教育发展支持力度,实施中西部高等教育振兴计划和中西部高校基础能力建设工程,通过省部共建办好一批中西部高水平大学,增加中西部优质教育资源的总量,提供更多优质的高等教育机会。

农村贫困地区的包容性制度和补偿性举措主要是做好三个招生专项计划:(1)国家专项计划定向招收集中连片特殊贫困县、国家级扶贫开发重点县以及新疆南疆四地州学生,由中央部门和地方本科一批招生为主的学校承担。(2)地方专项计划定向招收各省(区、市)实施区域的农村学生,由各省(区、市)所属重点高校承担。(3)高校专项计划主要招收边远、贫困、少数民族等地区县(含县级市)以下高中勤奋好学、成绩优良的农村学生,具体实施区域由有关省(区、市)根据上述要求确定,招生任务由教育部直属高校和其他自主招生试点高校承担。通过专项计划的实施,保障贫困地区和农村学生接受高等教育的权利,不断推动高等教育入学机会的城乡公平。

针对少数民族的包容性制度主要体现在对少数民族考生的照顾政策方面,经过不断发展演变已形成明显的制度体系特征,主要方式有从宽录取、优先录取、加分录取、降分录取、少数民族班和民族预科班等补偿性举措。

为保障残疾考生的教育权益,从法律、政策、条例、意见、规划、章程等不同层级建立包容性制度体系,具体包括:(1)从法律层面保障残疾人教育权益,明确规定高等学校必须招收符合国家规定的录取标准的残疾学生入学,不得因其残疾而拒绝招收。(2)从教育规划的角度提出完善特殊教育体系,加快发展残疾人高等教育,逐步提高非义务教育阶段残疾人接受教育的比例。(3)通过《无障碍环境建设条例》,提出各级招生考试机构应为残疾人参加高考提供平等机会和合理便利,如为视力障碍的考生提供盲文试卷、电子试卷,或者由工作人员予以协助。(4)为经济困难的残疾学生提供经济援助,《残疾人教育条例》规定了残疾学生减免学费和其他费用的相关条款,并明确按照国家资助政策优先给予补助。

三、高等教育制度的发展性维度分析

发展性教育制度倡导"以人为本"的教育公平观,将教育公平由"过分强调社会所需"转向真正以"人的需要"为核心评估域,以"人的多样性"为出发点,以"尊重差异"为条件,以践行"教育选择权"为路径,从而实现"教育尺度"下的教育公平路径,这也是教育公平真正走向纵深和内涵发展,并最终指向真实的个人发展的价值追求。当前,发展性制度应主要解决高等教育中以下两方面问题:一是招生录取方式的改革,解决当前高考制度刚性有余、柔性不足的弊端,特别是着力解决考试内容过度强调统一性,不足以为特定学科和专业人才的选拔提供充足的依据,难以满足多样化人才的选拔要求,[①]考生选择机会少等问题;二是解决教育体系顶层设计缺陷对于教育选择权的桎梏问题,包括教育体系的融通性问题、教育体系的多样化问题以及学校教育质量弱化问题。基于 NVivo11 分析软件,通过对制度文本进行开放式编码及归类发现,当前教育制度体系的发展性价值主要体现在两个方面,具体节点系统见表5-4。

---

① 钟秉林.深化综合改革,应对高考招生制度改革新挑战[J].教育研究,2015(3):4-9.

表 5-4 　　　　　　　　　　　高等教育发展性维度的节点系统

Tab 5-4 　　　　　　　**The Node System of the Development System**

名称	材料来源	参考点
教育制度的发展性维度	27	64
选拔与录取方式多样化	18	33
完善自主招生制度,对特长显著、符合培养要求的考生实行自主录取	8	9
完善平行志愿,提升高考录取满意度	3	3
完善录取方式,增加考生选择机会,提高考生志愿满意度	3	4
完善分类考试制度,不同类型学生实行不同选拔方式	3	4
探索高考部分科目一年多次考试的办法,探索实行社会化考试	3	4
深化考试招生制度改革,探索有利于技术技能人才发展的招生制度	2	2
建立专门程序,对具有突出贡献和特殊才能的人才实行破格录取	1	1
改进和完善特殊类型招生工作,建立公平合理选拔制度体系	6	6
教育体系的融通性	16	31
引导高校向应用技术型转变,打通职教学生发展通道	4	4
扩大职业院校毕业生升学机会,适度提高本科高校招收职业院校毕业生的比例	1	1
建立职业教育与普通教育衔接机制,提供升学发展机会	5	6
加强学校特色与质量建设,提供更多良好教育机会	2	2
加强分类管理,实现高质量的多样化教育的提供	8	8
规范转学、转专业行为,保障学生权益与教育公平	2	2
构建衔接各类教育的人才成长"立交桥",扩大社会成员接受多样化教育机会	5	8

　　在"选拔与录取方式多样化"方面,制度建设包含了以下几方面内容:一是加强分类管理,从而实现高质量、多样化的教育机会供给。要满足公众对于提升教育质量、改善教育品质、实现教育选择性等更为丰富的个体需要,不断提高社会对于高等教育的满意度。二是构建衔接各类教育的人才成长"立交桥",扩大社会成员接受多样化教育机会。要打破制度壁垒,建立多样化人才成长的路径选择,特别是要扩展学生由底层教育机构向更高层次教育机构流动的路径。如《关于深化考试招生制度改革的实施意见》指出,要探索建立多种形式学习成果的认定转换制度,试行普通

高校、高职院校、成人高校之间学分转换,实现多种学习渠道、学习方式、学习过程的相互衔接,构建人才成长"立交桥"。三是引导高校向应用技术型转变,打通职教学生发展通道,形成普通教育与职业教育相互沟通、衔接、共同发展的现代职业教育新格局。如《现代职业教育体系建设规划(2014—2020年)》提出,鼓励举办应用技术类型高校,将其建设成为直接服务区域经济社会发展,以举办本科职业教育为重点,融职业教育、高等教育和继续教育于一体的新型大学。四是加强学校特色与质量建设,提供更多优质教育机会。从长远来看,提高大众化高等教育的质量与建设世界一流水平的大学同样重要,我们不仅要强调世界一流大学的重要性,还要强调世界一流高等教育体系的重要性。

　　总之,我国高等教育制度建构的目标是明确的,在由大众化高等教育阶段向普及化不断推进的过程中,要注重多形式、多层次、开放式的制度体系和教育体系的建构,使人们有更多的、更丰富的接受高等教育的机会,在满足社会经济发展对高等专门人才需求的同时,满足广大人民群众对高等教育的需求,把社会需要和个人需要有机地结合起来,[①]把平等性原则、包容性原则和差异性原则有机结合起来,通过制度改革规范竞争性教育机会、保障补偿性教育机会、实现选择性教育机会,从而实现高等教育公平的共同愿景和美好目标。

第三节　高等教育公平的制度范式演变

　　"政策范式"是学术界广为使用的政策分析概念,其系统阐释源于美国政治经济学家霍尔(Peter A. Hall)1993年的代表作《范式、社会学习和国家:以英国经济政策的制定为例》。政策范式指理念标准和实践规范的

逻辑框架,它包括政策目标、实现目标的工具种类以及政策所解决的问题的性质。不同的政策范式,其政策取向、政策风格、政策工具、政策语言都存在较大的差异。高等教育公平政策演变是一个具有历史传承性的动态实践过程,其发展变革直接关系到我国高等教育领域教育资源、教育机会分配的合理性与公平性。从政策范式的视角对我国高等教育公平制度演变做一个总体概述,分析不同政策范式下,其政策取向、政策目标、政策工具、政策风格等方面的差异,以期为高等教育公平政策的改进与优化提供可行性建议。

一、高等教育公平制度的范式分析

中华人民共和国成立以来,中国政府一直致力于解决高等教育公平问题,并针对不同时期的高等教育公平问题实施了不同的高等教育公平政策,并使我国高等教育公平状况在大多数时期内都处于可控状态,从而为我国社会公平和社会和谐稳定奠定了厚实的基础。中国高等教育公平的发展是国家政策主导下的渐进式发展过程,包含了竞争性的选拔范式、包容性的补偿范式和多样性的选择范式三种政策范式(表5-5),相关的政策范式的形成与演变与我国高等教育公平问题的复杂性相关,也显示出国家在发展高等教育、促进教育公平方面的责任与担当。科学地探究高等教育公平政策范式演变的特点及其背后的行动逻辑,对完善高等教育公平政策体系、提升高等教育公平治理效果具有重要的现实意义。

1. 竞争性的选拔范式

竞争性的选拔范式起源于我国高等教育的精英教育阶段,高等教育主要是作为一种选拔性教育而存在。对高等教育进行合理分配,最终表现为从庞大的基础教育体系中选拔"英才"的过程,选拔标准的公正性是高等教育进行利益分配的重要价值。中国是高度筛选型社会,这一历史

表 5-5 我国高等教育公平政策的三种范式

Tab 5-5 Three Paradigms of Equity in Higher Education

政策范式	政策背景	政策目标	政策工具	政策结果
竞争性的选拔范式	精英教育阶段和教育资源的有限性,要求政府秉承公平竞争、公正选拔、程序透明原则	构建平等化的教育规范体系	调控型政策工具 监管型政策工具 规范型政策工具 清理型政策工具	实施平等化能力评估,建立优胜劣汰、以才取人制度体系
包容性的补偿范式	社会境况、资源获取能力差异导致高等教育供给无法在异质群体中完全平等,弱势学生群体规模仍较大	建立差异化的教育保障体系	建构型政策工具 赋权型政策工具 结构型调控政策工具 资源支持型政策工具	构建对弱势群体的补偿制度,实现分配的公正、矫正的公正、实质的公正
多样性的选择范式	学生诉求多样化、自由权利彰显,需要深化教育综合改革和教育政策整体性创新	建立高等教育公平的发展性尺度	整体性改革政策工具 试验型政策工具 项目式改革政策工具 运动式监管政策工具	为现代教育体系指明方向,为高考改革提供空间,保障学生选择权

和文化传统已经深深植根于千家万户的教育观念中。[①] 高等教育存在一个巨大的供需市场,而新时期我国高等教育发展的主要困境,就是人民群众接受更好高等教育的需要与高等教育发展不平衡、不充分以及教育供给不足之间的矛盾。那么,确保教育权利的平等、教育利益分配的公平、教育价值尺度的公正,是高等教育公平政策建构的目标指向。由于高等教育发挥着社会流动和社会分层的正向功能,因而成为个人获得理想前程的重要手段。但由于高等教育只能提供有限的入学机会,由此导致的高等教育资源的稀缺性和在此基础上形成的高等教育市场竞争愈演愈烈。在这种稀缺的教育市场供给状态下,个人成为自觉追逐教育权益的主体,高等教育公平与否取决于是否有有效的教育资源配置方式。对于教育机会的分配,以统一标准一视同仁地实施能力评估成为最公平的量

---

① 陈涛,巩阅瑄,李丁.中国家庭文化价值观与影子教育选择——基于霍夫斯泰德文化维度的分析视角[J].北京大学教育评论,2019(3):164-186+192.

化指标，"高考成绩"成为高等教育市场中"购买"服务的唯一"货币"，"分数面前人人平等"成为高等教育资源分配和竞争过程中具有普遍主义的价值标准。[①] 在竞争性的选拔范式中，教育公正由考试成绩所反映，优胜劣汰就是公正，以才取人就是平等。

竞争性的选拔范式在教育政策总体上体现了理性主义特点。从政策工具方面来看，常规式的调控型政策工具、规范型政策工具、监管型政策工具、清理型政策工具是政府最为倚重的治理技术，因为它可以快速高效地构建规范运行的高等教育秩序。所谓调控型政策工具，主要是政府在秉承公平、公正、公开原则基础上，通过平衡和协调机制，对教育资源、招生指标、录取机会等在宏观层面做出的关键性调试和合理化配置，如加强分省定额制的政策规范，通过合理的区域配额调控，将各省的高考招生录取名额的差异控制在社会可以承受的限度之内，实现高等教育的区域公平。所谓规范型政策工具，即政府作为调节社会公平的职能主体，通过政策规范的形式对高等教育系统中各有关利益主体所应遵循的规则、程序、法律和道德伦理做出明确的制度安排，如出台"阳光工程"政策，强化考试环节、招生环节和录取环节的规范管理，规范高等教育公平运行。所谓监管型政策工具，主要是通过多种日常监管型的政策，以进一步强化对教育的组织管理，严厉整肃考风考纪以保障考试安全，保障招生、考试、录取等流程在形式、规则和程序等方面的规范性。[②] 所谓清理型政策工具，主要是全面加强教育考试环境综合整治，针对考试环节的违纪违规行为、高考加分乱象、高考移民问题进行规范治理，辅以必要的清理和整治措施。

2. 包容性的补偿范式

在社会发展的每个阶段都存在弱势群体问题，只不过不同的社会条件和社会领域，弱势群体问题的成因、表现和解决方式都各不相同。众所

①　高树仁,宋丹.高等教育机会公平的内在逻辑及其制度建构[J].高教探索,2017(5):5-10.
②　高树仁,宋丹.我国高等教育公平的困境及其化解——基于现实约束条件的思考[J].黑龙江高教研究,2015(9):17-20.

周知,自然禀赋、社会境况、阶层出身、资源获取能力等因素的差异将导致有限的高等教育这一准公共产品供给无法在异质群体中完全平等,处于弱势的学生群体仍有较大规模,因而保障弱势群体教育权益仍是高等教育公平的政策主线。[①] 现代教育的理想和使命是努力减少由出身造成的对人获得教育机会的制约,在高等教育资源有限的情况下,如何使在起点存在差异的个体实现教育结果的公平,这是一个教育公平的一个关键性问题。从政策实践来看,政府越来越关注弱势学生群体的高等教育权益,保障政策的瞄准对象从中西部地区、农村特困地区、少数民族地区到经济困难残疾学生群体,政策的瞄准单元不断下沉,瞄准精度不断提高。在政策向度上,以包容性的补偿范式为基础,强调对弱势群体进行补偿和矫正,运用不同的政策工具对高等教育权益进行合理干预。

包容性的补偿范式强调教育政策总体要体现包容主义特点。高等教育为弱势群体打破教育机会困境提供清晰的价值导向和实践环境,从而为高等教育在促进社会公平方面提供积极的社会认知和现实可能,成为高等教育公平的保障型政策范式的价值目标。[②] 从政策工具方面来看,常规的建构型政策工具、赋权型政策工具、结构性调控工具、资源支持型工具是政府最为倚重的治理技术,因为它可以有效发挥政府的调控、保障、支持等基本功能。所谓建构型政策工具,主要是政府通过顶层设计和整体规划,建构完善的保障性政策体系,实现保障项目的多样性、保障目标的精准化、保障主体的多元化、保障路径的差异化、保障对象多样化,如实施各类专项招生计划、支援中西部地区招生协作计划以及制定《残疾人教育条例》等举措,构建针对中西部地区、农村贫困地区、少数民族地区、身体残疾等弱势学生群体的补偿性政策体系。所谓资源支持型工具,主要是通过政策倾斜、财政转移支付等调控杠杆,努力提高贫困地区和弱势群

① 张继平,董泽芳.高质量高等教育公平:理念诠释、现状分析与政策进路[J].大学教育科学,2017(1):42-48+124.

② 付八军.共同利益:高等教育决策的价值基础[J].大学教育科学,2018(5):11-15+123.

体的教育条件、教育质量和教育效率,使其达到基本和较高水平,如实施中西部高等教育振兴计划和中西部高校基础能力建设工程,对中西部高等教育薄弱地区,加大支持力度,逐步缩小高等教育资源的系统失衡,增加中西部优质高等教育资源的总量,提供更多优质的高等教育机会;所谓结构性调控工具,主要是通过增量安排和存量调整的方式,对招生计划、机会名额、资源分配等进行统筹安排,改善我国的高等教育机会失衡的基本格局,比如将新增的高等教育资源重点向革命老区、少数民族地区、边疆地区、集中连片特困地区倾斜,新增招生计划向中西部高等教育资源欠发达、高等教育录取率低的省区倾斜,发挥政府在高等教育公平方面的宏观调控职能。① 所谓赋权型政策工具,主要是针对少数民族的包容性制度,主要体现在对少数民族考生的照顾政策方面,经过不断发展演变已形成明显的制度体系特征,主要方式有从宽录取、优先录取、加分录取、降分录取、少数民族班和民族预科班等补偿性举措。

3. 多样性的选择范式

高等教育公平是多样态的,表现为一种多元论立场,可以是资源、权利、机会的均等,也可以体现为对弱势群体发展权的公正对待,还可以表现为一种"有限性超越"的方式,把学生自由权利作为审视高等教育公平的尺度,这是"以学生为主体"的理念在教育政策上的反映。高等教育公平本质上是主体的一种价值判断,必然与主体对教育的满意程度直接相关。② 自由化的选择范式的旨趣在于从教育尺度和人的自由发展导向出发对现代高等教育政策进行系统设计,主张制度规约与学生自由权利的统一,主张教育的真谛和真正释放学生的内在潜力。在这种政策价值指导下,公平的高等教育应当是为每个学习者提供"适切"的教育,以多元化的教育资源和教育提供方式为基础,满足不同主体能力、个性、禀赋、兴趣

---

① 刘焕然.高校招生配额制与高等教育公平——历史检视与现实省察[J].高等教育研究,2019(2):39-46.

② 章小谦.孔子"有教无类"思想新探[J].大学教育科学,2019(4):14-22+123.

的不同发展需要,促进和保障每个受教育者充分发展。[①] 然而,当前高等教育体系缺乏足够的"弹性",这就导致学生学习自由的权利诉求与现行教学管理制度的冲突时有发生,难以有效包容教育需求多样化与学生个性化发展的要求。面向未来,我们需要加强高等教育制度供给,解决大学教育模式陈旧、培养模式单一、专业设置过窄、千校一面等问题,改变高等教育无法满足学生多样化的教育选择需要的困境。解放思想,锐意改革,提高教育政策的前瞻性、灵活性和有效性,使高等教育模式更加多样化、内涵更加丰富,致力于为更广泛的学生群体提供一种更加平等的价值信念、生存方式、发展途径。

多样性的选择范式,旨在以新发展理念为指引,系统推进教育改革发展,全面优化教育体制、教育制度和教育结构等诸多要素,构建发展型的教育政策框架,从而保障教育选择权和提升教育满意度。[②] 从政策工具方面来看,整体性改革工具、运动式监管工具、试验型政策工具、项目式改革工具是政府最为倚重的治理技术。[③] 所谓整体性改革工具,即将高等教育公平视为全面、系统、多维的教育改革实践,不仅涉及教育体系、办学体制、管理体制等宏观教育改革,还涉及经费投入制度、招生制度、考试制度、就业制度等具体制度和政策的整体设计,需要通过多方政策的协同才能取得教育改革的整体效果,如对建构现代教育体系的政策设计,提出"以举办本科职业教育为重点,融职业教育、高等教育和继续教育于一体的新型大学",打通职业教育、高等教育的通道,保障多样化学习机会等。所谓试验型政策工具,即政府通过在要素禀赋适宜的区域设立各类型的教育改革试验区,以实现制度创新试点和经验积累推广,如实施新高考改革试点,增加学生考试科目、报考学校以及专业的选择权。所谓项目式改

---

① 林玲.有质量与适切的教育:新时代高等教育公平的意义建构及实施策略[J].浙江社会科学,2018(5):102-108+160.

② 周作宇.教育改革的逻辑:主体意图与行动路线.北京师范大学学报:社会科学版,2020(1):5-29.

③ 王辉.政策工具选择与运用的逻辑研究——以四川 Z 乡农村公共产品供给为例[J].公共管理学报,2014(3):14-23+139-140.

革工具,即政府以项目为载体,通过项目设立达到政策意图,根据文件、方针、政策的下达,拟出项目目标,制定相应的章程、资金及时间周期等规范性规定,如通过实施"强基计划",指导高校探索建立基于能力考察的笔试面试、实践操作,建立综合评价的招生模式,从单一评价向多元评价转变,[①]体现了不断完善中国特色现代考试招生制度的政策导向。所谓运动式监管工具,即通过运动式的政治动员来贯彻落实自上而下的政策意图,开展各类专项治理运动,突破常规化的制度运作方式,具有一定程度的非常规性、非延续性,如教育行政部门为维护良好教育生态,进一步严格规范招生程序,加强特殊类型招生的监查工作力度,提升教育公平的保障能力,也体现了促进人才选拔的公平性、实现社会正义的政策导向。

二、高等教育公平制度的治理规律

对政策范式的分析是一种解释性的研究,可以对教育实践路径的建构有所贡献。高等教育公平的政策建构作为具有多维结构的社会行动,通过对政策范式的分类、政策工具的探讨、政策效果的分析,有助于人们对高等教育公平具体政策的整体化理解和系统性认识,从而总结高等教育公平政策不断变化的行动逻辑与治理规律,实现持续性的高等教育公平制度优化目标。

1. 发挥教育政策"元治理"职能,构建协同共治的多元行动体系

在系统思维的意义上,提升高等教育公平治理能力,需要从"元治理"的理论视角构建教育政策体系,实现协同共治的多元行动体系。尤其针对高等教育公平这一复杂性问题,元治理理论主张简化模式,重视关键角色的行为取向、权利职责及规范体系,同时强调各种治理主体的相互协调配合[②]。教育是介于政府和市场之间的第三部门,高等教育公平的政策建

---

①　全守杰,华丽."强基计划"的政策分析及高校应对策略[J].高校教育管理,2020(3):41-48.

②　孙珠峰,胡近."元治理"理论研究:内涵、工具与评价[J].上海交通大学学报:哲学社会科学版,2016(3):45-50.

构必然关注教育行政部门在教育治理中的主导作用,强化教育政策的民生导向,而市场、社会及政府其他部门的政策参与相对较少。随着社会对于高等教育公平的关注,其逐渐成为国家政策的重要领域,单一的教育治理模式不足以解决高等教育公平的复杂性问题,需要社会、市场等治理模式的相互协调配合。未来这些与教育发展相关的部门应当发挥越来越重要的作用,倡导从单一主体转向多元主体,切实发挥教育政策"元治理"作用,构建协同共治的多元行动体系。在政策层面积极构建协同共治的多元行动体系,明确各部门的目标管理和责权划分。在高等教育公平治理过程中,要发挥政府作为元治理主体的作用,通过设计协作制度,提出远景设想。明晰教育部门同其他协同职能部门之间的关系定位和权利责任,承担起推动高等教育公平的重要职能,实现对教育资源、教育机会、政策供给、综合试点的宏观统筹,协同推进教育公平的政策落实。同时,把握住制度变革的关键转折点,进一步健全社会力量、市场机制对教育公平治理的补充作用,立足于我国基本国情,凝聚社会各方面共识,通过深化社会改革,破除阻碍高等教育公平的各种社会桎梏以及利益固化的藩篱。从政策层面明确落实多元主体的职责,促进不同主体间的有效衔接与合作,凝聚教育合力,拓宽开发路径,满足不同教育需求,为高等教育公平政策注入鲜活动力。

2. 发挥复合政策范式的系统效应,注重多样化政策工具的集成优势

面对高等教育公平的系统性、复杂性以及多重利益诉求,需要发挥复合政策范式的系统效应,构建三维多层的政策框架,才能有效推进高等教育公平的整体目标。其中,三维是指竞争性的选拔范式、包容性的补偿范式和多样性的选择范式三个维度的政策建构,多层是指宏观、中观和微观三个方面的政策体系。高等教育公平政策的三种范式不仅是"历时性"的,即具有某些前后相继的历史发展特征;它们还是"共时性"的,是平等性价值、包容性价值、发展性价值在教育政策中"共存""共融",各自体现着高等教育公平的不同需求维度。任何单一政策范式都无法实现高等教

育公平的整体目标,强调构建一个全新的高等教育公平政策系统,是指政策范式从"历时性"转换为或表现为一系列"共时性"过程中形成新的政策体系。在持续优化的政策框架内,政策工具作为衔接社会现实和政策目标、政策问题化解的重要载体,需要以多样化的政策工具体现复合政策范式的要求,发挥政策执行终端的集成优势。我们需要树立系统思想,强化政策改革的全局性,协调好政策的顶层设计与实践探索之间的关系。加强政策的顶层设计需在实践经验上谋划,而政策工具的选择要在顶层设计的引领、规划、指导下进行,要促进政策宏观架构设计与政策工具选择之间的良性互动、有机结合。[①] 要注重政策评估与总结,对证明行之有效的政策工具和组合方式,要及时总结提炼、完善规范,及时推广、借鉴各种行之有效的经验做法,不断丰富政策执行手段,提升政策协调和落实的效果。

3. 重视学生群体的多维化利益诉求,细化规划尺度以保障政策落实

高等教育公平涉及面广,学生群体具有较大异质性,利益诉求非常复杂,因此不能急功近利,不能片面追求高等教育公平目标的简单化,笼而统之地盲目开展政策部署。未来我国在高等教育公平政策的制定过程中,要明确教育公平的多元性、教育需求的差异性以及政策价值的多样性等复杂特征,保障底线公平、关注补偿性公平、追求质量公平,构建多维度的高等教育公平政策体系。注重高等教育政策的教育尺度,将政策目标落实在实现人的自由全面发展上,在政策的"设计—执行—评价"环节贯彻"以人为本"的理念,重视学生群体的多维化利益诉求,为学生全面成长、个性的高度发展,最终实现"办人民满意的教育"的目标提供制度环境和政策保障。注重教育政策的精细化设计,综合考虑不同受教育群体的利益诉求,真切地了解我国受教育群体的利益需求情况,以及当前高等教

---

① 陈廷柱,蔡亮.高等教育如何传承和发展试点改革的中国经验[J].大学教育科学,2020(03):22-30.

育供给的主要矛盾、重要问题、重点关注的弱势学生群体。尤其是目前高等教育保障性制度体系尚不健全,处于弱势地位的受教育群体的教育弱势境况依旧存在,各种补偿性政策举措仍存在错位、缺位和不到位等政策落实问题。因此,政策工具要重视学生群体,尤其是贫困学生群体的多维化利益诉求,实施教育关怀,在政策制定过程中充分尊重主体利益诉求和群众基础,采用上下结合的方式,如"自上而下"与"自下而上"的结合,着眼于高等教育公平问题。以政策目标学生群体的利益诉求为导向,综合考虑他们的多维化利益,还要以权威性来强化政策约束力,以过程参与性强化民众对高等教育公平政策的认同感,不断细化规划尺度以保障政策落实,提高政策执行者的水平,同时要因势利导地优化制度设计,构建系统完备、科学规范、运行有效的教育公平政策体系,使各方面政策更加成熟。

4. 强化整体性改革和供给侧改革,优化高等教育公平的制度基础和政策环境

实现高等教育公平的整体目标,需要构建一个内涵广泛、角度多元、主题众多的复杂政策系统。完善高等教育公平政策体系的内在结构,需要以系统论的研究视角,突出整体性改革和政策的供给侧改革,持续优化高等教育公平的制度基础和政策环境。如今,我国高等教育进入普及化阶段,职业教育也加快了发展步伐,构建普职融合、上下贯通的现代教育体系的政策愿景日渐清晰,实现满足不同层次学生群体的高等教育需求的政策目标,成为新时期高等教育公平的政策增长点。但碍于结构性体制机制、资源要素的配备等问题,人民群众多层次、多类型的教育需要还无法在教育体制层面得到保障。要将美好的愿景与目标转化为高等教育实践中可接受的现实,关键在于强化整体性改革和供给侧改革,取决于高等教育制度创新、政策环境和政策调节[①]。当前,我国构建现代教育体系

---

① 武毅英,童顺平.高等教育供给侧改革的动因、链条与思路[J].江苏高教,2017(4):1-6.

的政策主线比较明确,出台了一系列"加强高校分类管理,实现高质量多样化教育供给","引导高校向应用技术型转变,打通职教学生发展通道","建立职业教育与普通教育衔接机制,提供多样化升学机会"等政策,为构建各类教育人才成长"立交桥"指明了方向。但大多以纲领性政策、发展性规划为主线,公共政策力度偏低,整体效力不足。未来在高等教育公平政策制定过程中,应从提高政策供给质量出发,优化部门间合作关系,合理配置教育资源,形成政策合力,提升高等教育政策供给对教育需求变化的灵活性和适应性,充分激发和释放政策有效空间与活力,最终实现高等教育公平,达到人人都能接受公平且有质量的高等教育目标。

第六章

制度反思：
高等教育公平的制度困境与伦理问题

————————————————————————————————>>>

高等教育公平源于高等教育的制度性建构，而恒常的制度反思是制度调适、制度优化的现实基础。制度反思必然包含对于制度公正性、合理性、有效性等维度的价值审视，这也是制度伦理评价的基本范畴。因此，教育制度的发展需要与制度伦理同行，这是制度建构过程的一个根本观点。[①] 高等教育公平的实现，需要从制度伦理的视角审视制度的缺陷、反思制度的问题，从而改进和完善教育制度。改革开放以来，我国高等教育制度建构及其实践取得了相当大的成就，这是不可否认的事实。但相对于教育公平的社会需求和愿景而言，无论是实体性制度还是有关实践运行的程序制度，仍存在着一定问题，需要全面的制度反思。

第一节　公正性制度建构的问题及表现

高等教育公平问题可以从区域教育资源的结构效应与高等教育资源

———————————

① 杨卫安，邬志辉. 城乡教育关系制度变迁的规律性探索及启示[J]. 现代教育管理，2015(10)：27-32.

配置的联动性进行分析,表现为区域高等教育的非均衡性对高等教育入学机会产生的影响,出现各省(直辖市、自治区)高考录取率差异悬殊的不公平现象。我国高等教育管理体制属于政府主导型,政府及教育主管部门掌控着大量的行政性教育资源,成为高等教育资源的首要供应者,高等教育公平的实现自然要受制于这种教育资源的配置方式。另外,我国是一个幅员辽阔、地区发展极不平衡的国家,在片面追求增长的发展观的影响下,高等教育领域出现了区域差距、城乡差距、学校差距。高等教育资源丰富的东部地区接受高等教育的人口比重远远大于中西部地区,直接导致了高等教育权益的区域失衡。从区域结构来看,我国现行的高等教育管理体制是中央和省级政府两级管理,以省级政府统筹管理为主,这种二元管理体制是一把"双刃剑",既充分调动了地方投资教育的积极性,又造成了各地区投资高等教育的总量和增量差异很大,加之高校地域分布的不均衡,导致了高等教育入学机会的区域差异,具体表现为高校招生本地化、招生指标化、省际录取分数差距悬殊等。从城乡结构来看,我国农村教育资源、教育效果长期落后于城市,是当前中国教育发展中不可回避的严重问题,城乡教育的差距体现在师资力量、教学方法、教学内容、学校教学设施、办学理念等方面,当众多城市学校正在着力推行名师工程、特色教育时,广大农村学校还在为如何招纳和留住教师而努力。这些问题已严重影响到高等教育公平的实现。

教育制度的公正性价值与竞争性教育机会具有内在一致性。竞争性教育机会是基于规则公平与程序公正,并借助于公开、稳定且具有操作性的制度规范,实现高等教育利益关系以能力为标准进行公平分配的目标。从竞争性教育机会出发,公正性应成为整个制度化教育实施方式的根本性原则。我国现阶段教育资源的有限性及"效率优先"的价值导向必然导致教育发展过程中差别、失衡的存在,同时这也是公正性制度供给不足的结果,具体表现在三个方面:

一、城乡分野的社会制度导致城乡教育机会差异

城乡教育机会差异是我国高等教育发展中的一个重要问题。从宏观层面来讲,高等教育的城乡公平就是促进接受高等教育和优质高等教育的机会在城乡之间的均衡分配;从微观层面来讲,高等教育的城乡公平就是保障每个有意愿且有能力接受高等教育的个体享有同等的教育权利和教育机会,无论在城市或农村都能够通过自己的努力改变自身命运。[①] 高等教育机会的获得具有累积性特征,表现为从初等教育、中等教育再到高等教育的逐级甄选的累积过程。因而,城乡基础教育发展水平和质量差异是获得高等教育机会直接的影响因素。通过考察不同时期城乡教育的重大发展政策可以发现,我国教育制度体系中长期存在着城乡二元、城市优先的价值导向,具体表现在以下方面:一是城乡教育的战略目标的层级差异和战略定位的双重标准,相关政策如《政务院关于整顿和改进小学教育的指示》(1953 年)、《关于普及小学教育若干问题的决定》(1980 年)、《中共中央关于教育体制改革的决定》(1985 年)等,这些政策都根据当时的国情分别提出了城乡有别的二元化标准,突出强调了城市教育以更高标准、更严要求实现更快发展,这与农村教育的标准和要求形成了反差。正是基于这种政策导向,城市和农村教育的二元结构以及不同的战略地位得到不断强化,成为城乡教育发展水平和教育质量差异的重要影响因素,并决定了农村学生群体在高等教育机会角逐的过程中处于相对弱势地位。二是从教育资源配置的情况来看,城乡分治、重点配置、城市优先的价值取向导致了城乡教育发展水平的差异。《关于教育事业管理权力下放问题的规定》(1958 年)、《中共中央关于教育体制改革的决定》(1985年)、《义务教育法》(1986 年)、《中华人民共和国义务教育法实施细则》(1992 年)、《关于完善基础教育改革与发展的决定》(2001 年)等政策文件

---

① 张德祥,林杰."高等教育内涵式发展"本质的历史变迁与当代意蕴[J].国家教育行政学院学报,2014(11):3-8.

都对城乡教育管理体制做出了规定,并确立了"地方负责、分级管理、以县为主"的管理体制。通过教育管理统筹权的下移,农村教育经费投入的责任转移到县级财政,然而城乡财政实力存在明显差距,农村教育经费投入长期不足,导致了城乡教育发展水平和教育质量差距不断拉大,最终影响到高等教育的城乡公平。

　　当前,我们亟须对长期施行的城乡二元结构、城市优先的制度导向进行伦理反思。义务教育是国家必须予以保障的公益性事业,无论是城市还是乡村的义务教育,公益性是必须坚持的基本属性,城乡教育制度的系统设计也应该秉承公正性的价值目标,维护公民平等的教育发展权利,防止教育失衡的产生和城乡差距的持续扩大。偏重不公的教育制度与义务教育的公益性相背离,无法保证城乡教育均衡发展的基本诉求,导致城乡教育制度公正性的缺失和制度价值导向的扭曲,加剧了教育过程中的不平等。农村教育和城市教育都是我国国民教育体系不可或缺的组成部分,若只注重于城市教育发展必然导致教育发展差距的不断拉大,是一种不健全、不均衡、不协调的发展。[①] 实现城乡教育均衡发展,需要注重城乡一体化的制度建构。当前,城乡分野的社会制度已成为严重制约城乡教育均衡发展的一个重要瓶颈,这种日益拉大的城乡差距不断地拷问教育制度的道德底线和公正性,引发社会各界尤其是权益受损群体的不满,亟待从制度伦理的视角予以反思和回应。城乡教育发展的不均衡在很大程度上可以归因于基础教育资源配置的不均衡,只有转变"城市取向"和"城市偏向"的城乡教育投入体制和资源配置方式,才能有力地推动我国教育公平发展、健康发展以及和谐发展。因此,高等教育机会的城乡公平,就是要寻求一种更加公平的城乡教育发展方式、教育资源配置方式以及设计一种更加公正的城乡教育制度体系。

　　竞争性教育机会公平要求以能力为导向,主张分数面前人人平等,通

----

①　张家军,杨浩强.我国教育政策的城乡差异及其伦理反思[J].教育理论与实践,2012(19):16-20.

过公平、公开、公正的遴选过程,实现形式上的公平。然而,在城乡二元结构、城市优先制度的导向下,基础教育发展不均衡使农村学生成为教育机会竞争过程中的教育弱势群体,要改变这种境况需要从根本上改变导致城乡教育分化的二元结构导向入手,以公正、公平的价值导向纠正城乡教育发展失衡。要纠正教育制度体系和教育政策设计中的城乡二元分割的价值取向,不要因城乡教育发展战略地位、人才培养方面的偏向或歧视而影响城乡教育发展的质量和水平。要保障城乡居民充分享有平等的教育发展权利,使每个适龄儿童或青少年不论其家庭出身、阶层背景、户籍状况等外部影响因素差异,都拥有平等地享有公共教育资源的权力,在公平的起点上参与高等教育机会的竞争。另外,完善补偿性教育政策,增加农村弱势群体的补偿性教育机会供给,成为我国高等教育公平制度创新的重要任务。通过完善财政转移支付制度、建立教育扶贫特区、构建教育机会补偿的长效机制等制度杠杆,调整"城市取向"和"城市偏向"政策导向下的城乡教育发展失衡的状态,在教师、经费、资源等关键因素上对农村贫困地区给予相应的倾斜和补偿,使现代教育制度体系能够真正彰显公平、公正的制度伦理价值,促进城乡教育的均衡发展、和谐发展和一体化发展。

二、分省定额的招生制度影响区域教育机会均衡

高等教育的机会分配是一个复杂过程,考试公平与区域公平是必须兼顾的两个方面,既要强调考试面前人人平等,又要做好区域配额的宏观调控以切实对弱势群体给予关照。高考分省定额制就是在考试公平和区域公平这一两难问题中形成的招生制度。高考分省定额制是主要通过区域配额的形式调控各地区高考招录名额,在本地区内按照"能力原则"并严格依据高考成绩而实施的大学招生录取制度。该制度是根据高等教育发展不均衡的现实国情做出的制度选择,是符合我国实现区域之间招生相对公平的长期目标的政策性方案。通过区域配额来调控不同地区间录

取人数的悬殊差异,是古今大规模选拔性考试的一个惯用方式。然而,分省定额制的公正性和合理性还取决于分省招生计划编制情况和高等学校的结构布局体系这两个相互关联的指标。根据《中国教育改革和发展纲要》及《关于进一步改革普通高等学校招生和毕业生就业制度的试点意见》两个政策文件,高等学校具有自主分省定额的权力,同时国家调控总招生指标和专业结构,高校根据自身招生规模、办学条件,全国各地区的经济发展状况、生源状况以及毕业生的就业状况等自主将招生名额分配至各省市。这种招生计划编制方案比较符合我国高等教育发展初期的特定背景,促进了高考招生工作的有序实施,也对高等教育机会名额分配的制度设计和具体操作方式产生了深远的影响。另外,从高考分省区域定额录取政策的实施来看,该政策带有照顾边疆和文化教育相对落后地区的特殊用意,有利于适时调整区域招生方案以解决地域招生失衡问题,对长期以来形成的高考招生不公平有很大的改进作用。例如,我国于2008年启动的"支援中西部地区招生协作计划",就是在分省定额制度基础上形成的一种调控手段,在国家的宏观治理层面有效协调不同地区之间的高等教育机会差距。该计划规定大学招生计划由高等教育资源丰富的省份向河南、甘肃、安徽、贵州、内蒙古等高等教育录取率较低的中西部省份倾斜,为这些高等教育资源较缺乏的地区提供更多的优质高等教育入学机会。近年来,加快发展现代职业教育成为优化高等教育结构的重要方向,协作计划的高职招生数保持着稳中有升的态势。高职扩招成为协作计划长期实施的基础,对于增加受援省份的高等教育机会供给,推动我国高等教育公平具有重要意义。

　　分省定额制是一种考试取才的制度调节手段,其制度设计的初衷是兼顾考试公平与区域公平。然而,在具体操作过程中出现了各种实践问题,使分省定额制的"公平性"也产生较大争议。这种制度困境的根源在于经济、教育等区域发展的失衡,特别是随着高等教育管理体制改革的推进以及中央部委属高校分摊共建办学模式的确立,地方政府开始参与到高等学校的建设和日常运转中来,不仅成为地方高校的投资主体,而且对于中央部委属高校的联合共建作用也不断加强,这种资源的驱动使高等学校产生了招生本地化的冲动,招生指标的倾斜实际上是作为高校回报地方政府财政、土地、政策等资源投入的一种方式。这也是高考分省定额制在具体操作过程中出现的异化现象,招生指标分配制度呈现地方保护主义倾向的原因。这种招生指标倾斜现象源于地方政府对高校招生管理权过大,教育部对高校招生指标的管理和监督权缺失。这与实现区域公平的目标相背离,导致高等教育机会的区域差异也越发明显。众所周知,我国高校布局结构受计划经济影响较大,大学分布极不均衡,极大地影响了招生指标在省域间的公平分配。从表6-1中可以看出,我国高等院校布局呈现出东西部之间、省域之间、中心城市和非中心城市之间的巨大差距,仅北京、上海、江苏、湖北四个省市的中央部委属院校就有65所,占全国部属院校总数的55%;有9个省(自治区)目前仍然没有中央部委属院校。由此看来,分省定额的招生制度的突出矛盾就是"高等教育的结构性失衡"问题,"倾斜的高考录取分数线"与"倾斜的招生名额投放"是这一矛盾的集中体现。[①] 现今各省(自治区、直辖市)存在的高等教育入学机会差异实际上是分省定额制度异化的结果,是高等院校结构布局失衡、中央与地方共建的大学办学模式以及基础教育发展的省级差距等多因素共同作用的结果。特别是中央和地方的教育权力划分仍不清晰,使得国家对于高等教育招生名额分配的宏观调控能力弱化;中央部委属高校缺乏对自身社会责任的广泛认同,在资源驱动下,大学招生名额的分配难以突破地方利益的羁绊。[②] 高等教育资源分布不均和高校招生地方化问题仍是干扰分省定额制的主要因素,也折射出我国高考招生工作在制度建构方面仍存在完善空间,需要通过限定中央部委属院校属地考生比例、加强对中西部薄弱地区的政策支持等,推动高考分省定额制向更加公平的方向发

---

① 刘海峰.高校招生考试制度改革研究[M].北京:经济科学出版社,2009:182.
② 温泽彬.受教育权的多元属性是分省定额制招生改革的法理依据[J].法学,2016(8):74-82.

展,使高考招生名额配置更加合理,实现考试公平与区域公平的制度改革目标。

表 6-1　　　　　　　我国各省、自治区、直辖市的高等学校分布情况

Tab 6-1　　　　　　Regional Distribution of Colleges and Universities

地区	中央部委属高校数	地方本科院校数	本科院校总数
北京	37	29	66
江苏	10	67	77
上海	10	28	38
湖北	8	59	67
陕西	6	49	55
四川	6	45	51
辽宁	5	60	65
广东	5	57	62
河北	4	54	58
山东	3	64	67
湖南	3	48	51
浙江	2	55	57
黑龙江	3	35	38
天津	3	26	29
安徽	2	42	44
吉林	2	35	37
福建	2	33	35
重庆	2	23	25
甘肃	2	20	22
河南	1	51	52
云南	1	30	31
宁夏	1	7	8
江西	0	42	42

（续表）

地区	中央部委属高校数	地方本科院校数	本科院校总数
广西	0	36	36
山西	0	31	31
贵州	0	27	27
新疆	0	18	18
内蒙古	0	17	17
海南	0	6	6
青海	0	4	4
西藏	0	3	3
合计	118	1 101	1 219

资料来源：根据《中国教育统计年鉴 2015》数据整理

三、重点建设的投入体制引发优质教育机会不足

人们广泛关注的高等教育入学机会之争，反映在质量层面就是以重点大学为代表的优质高等教育机会的公平问题，而省际公平的诉求主要体现在优化重点大学招生指标供给方面，意在使每个符合学术标准的适龄青少年均享有进入优质高等教育机构学习的权利与平等竞争的机会。[1]我国高等教育大众化进程的持续推进，极大地提升了高等教育机会供给的数量，而优质教育开始成为舆论关注和学术争论的焦点，优质教育资源的不均衡也是当前制约我国高等教育公平的瓶颈。由于我国高等教育重点建设制度是学校层次的标识性要素，也是识别优质教育资源的重要指标，因此关于重点建设制度的价值合理性问题也成为教育公平研究关注的焦点。

重点建设制度是我国高等教育大改革、大发展、大提高过程的重要举措，是我国高等教育发展历程中一项具有开创性、导向性的资源配置战

---

[1] 张继平，欧阳光华.美国优质高等教育入学机会公平问题的产生及解题分析[J].现代教育管理，2017(3):35-40.

略，它集中体现了"效率优先、兼顾公平"的非均衡发展导向，将国家有限财力和建设资源集中于少数高校，建设世界一流大学和一流学科以加快我国高等教育发展步伐，期望通过重点突破最终达到高等教育质量的全面提升的目标。[①]　我国高等教育重点建设制度发端于 20 世纪 50 年代，高等教育部颁发《高等教育部关于重点高等学校和专家工作范围的决议》并确定 6 所"全国性重点学校"，到 1963 年选定的重点建设高校增至 68 所。20 世纪 90 年代起，重点建设制度进入新的发展阶段，即开始实施"211 工程"和"985 工程"等重点建设项目并取得了较好的成效。2017 年开始，我国对重点建设制度进行了调整，以"985 工程"和"211 工程"为逻辑起点启动"双一流建设"计划，这是对高等教育重点建设制度的继承与发展。

　　从实施效果来看，在国家财力有限的情况下，相对集中财力，重点投资支持建设若干所重点大学和一批重点学科是必要的，符合国家科教强国的战略需求，拉近了我国与高等教育发达国家的距离，也促进了我国高等教育强国的建设，具有重要的战略意义。然而，从资源配置的公平性方面考量，重点建设与教育公平之间似乎存在着不可调和的矛盾。[②]　重点建设制度不仅导致了高等教育资源配置的校际失衡，也加剧了优质高等教育的区域差异。有些学校年预算经费最高相差近 100 倍，高校之间教育投入的差距之大令人惊叹。另外，重点大学在各个省区之间布局的失衡也成为影响教育公平的重要因素。从表 6-2 可以看出，我国重点建设高校在各省份的布局极不均衡，截至 2016 年，"985 工程"大学的分布情况如下：北京 8 所，上海 4 所，陕西 3 所，辽宁、山东、江苏、湖北、四川、广东、天津和湖南各 2 所，黑龙江、吉林、安徽、重庆、福建、甘肃和浙江 1 所，其余 13 省区为 0 所；"211 工程"大学的分布情况如下：北京 24 所，江苏 11 所，上海 9 所，陕西、湖北各 7 所，四川 5 所，辽宁、黑龙江、广东各 4 所，吉林、

　　① 刘春惠.基于利益博弈的高等教育重点建设政策效果评估分析——以"211 工程"为例[J].清华大学教育研究,2015(3):120-124.
　　② 项贤明.论教育目的的公平转型[J].华东师范大学学报:教育科学版,2017(2):24-32.

湖南、天津、安徽各 3 所,山东、福建、重庆、新疆各 2 所,其余 14 省区各 1 所。"重点大学"分布极不均衡,山东、河南等考生大省与京沪等直辖市的重点高校数量相差悬殊,很多人口大省甚至没有一所"985 工程"高校。不能不承认,各省份拥有的重点大学数与优质高等教育机会的份额息息相关,重点大学结构布局的失衡直接导致优质高等教育机会的省际差异。由于各类重点建设工程的考核、达标、验收等规范活动的存在,这些国家钦定的重点高校往往对于绩效、质量方面的要求表现出比较强的教育行政能力,但在促进教育公平等其他国家意志方面的执行意愿却非常弱,致使高等教育公平实现仍然存在障碍。[①] 因此,重点建设高校资源布局的不均衡是导致优质高等教育机会分布不均衡和省际"倾斜的高考分数线"的重要原因。实现优质高等教育入学机会的公平,关键在于改革大学招生指标的分配制度,使之回归到一个相对公平的水平;另外,要通过改革重点建设制度、追加中西部地区教育投入,培育中西部优质高等教育资源,不断提升高等教育的整体质量和综合水平。

表 6-2   "985 工程""211 工程"大学分布情况

Tab 6-2   The Distribution of Key Construction of Universities

地区	"985 工程"大学数	"211 工程"大学数
北京	8	24
江苏	2	11
上海	4	9
陕西	3	7
湖北	2	7
四川	2	5
辽宁	2	4
广东	2	4

---

① 王有升.国家教育意志与教育公权力的运行体制分析——对国家与教育关系的一种理论探讨[J].南京师大学报:社会科学版,2011(5):89-95.

（续表）

地区	"985 工程"大学数	"211 工程"大学数
湖南	2	3
天津	2	3
山东	2	2
黑龙江	1	4
安徽	1	3
吉林	1	3
福建	1	2
重庆	1	2
浙江	1	1
甘肃	1	1
新疆	0	2
河北	0	1
河南	0	1
云南	0	1
宁夏	0	1
江西	0	1
广西	0	1
山西	0	1
贵州	0	1
内蒙古	0	1
海南	0	1
青海	0	1
西藏	0	1
合计	38	109

注:根据教育部名单,"985"学校共 39 所,"211"学校 112 所,其中国防科学技术大学、第二军医大学、第四军医大学属于军事系统,教育部全国普通高等学校名单中不将其归类于各省市。

资料来源:作者根据相关资料整理。

高等教育强国是一个"结构优化与功能耦合的有机系统"[①],其建设更

---

① 李枭鹰. 系统科学视野中的高等教育强国[J]. 复旦教育论坛,2008(6):23-27.

是一个结构、质量、公平、效率等多重价值协同互构的重大工程,高等教育公平在其中发挥了隐秘而独特的功能。改革开放四十多年来,我国高等教育发展的基本思路之一就是运用效率杠杆来改善公平环境。① 因此,重点建设制度也由此而来并成为影响高等教育结构布局和高等教育公平的一项根本制度。这些教育制度以及由其延伸出来的相关法规、制度以及机制的缺失、不完善和不健全造成的不公平问题,是当前人民群众最为关切、最不满意的问题。人民群众希望公平地接受高等教育的愿望,与当前高等教育机会的分配机制之间的矛盾日益尖锐,致使高等教育成为影响我国社会公平的一个重要因素。一方面,从教育体制来看,分级管理体制以及与之相对应的分级拨款机制是我国教育管理体制改革的主线,也是决定高等教育机会如何分配的宏观制度基础,财政资金的分级计划拨款造成高等教育区域发展失衡,以省(自治区、直辖市)布局高等学校所带来的区域不平衡问题是影响我国高等教育公平的重要原因。另一方面,从招生制度来看,我国高考招生录取一直实行以省(市、自治区)为单位的招生计划制、户籍制和对异地高考的严格限制等,这些制度人为地限制了高等教育资源和入学机会的合理分配,偏离了为保障教育机会均等所应遵循的原则,使各省份高考录取率有较大差别,必然引起考生和广大家长的不满。

第二节　包容性制度建构的问题及表现

当前,人民群众对于高等教育的期盼和诉求从来没有像今天这样强烈,整个社会的教育需求呈现出前所未有的广泛性、深刻性和复杂性。然而,准备接受高等教育的个体不仅存在着天资和能力方面的差异,也存在

---

① 解德渤.高等教育强国建设需要什么样的高等教育公平[J].高等教育研究,2019(5):26-28.

着经济条件、文化背景、社会关系等方面的差异，这些看似与高等教育极不相关的因素，却极大地影响了高等教育的入学机会，也持续影响着高等教育的公平。马克思认为，资本是划分阶级关系的基础。法国社会学家皮埃尔·布迪厄进一步将资本划分为三种基本形态，即经济资本、文化资本和制度资本，进而将马克思的资本理论上升到社会学和文化学的高度，把资本理论扩大到社会整体结构的框架中。经济资本、文化资本和社会资本等构成了个体的家庭环境因素，对高等教育公平产生持续的影响。现代教育的理想和使命是努力减少由出身造成的对个体获得教育机会的制约。但是，我国目前由于社会分层引发的高等教育不公平现象越来越突出，拥有更多经济资本、社会资本和文化资本的优势阶层子女更容易获得高等教育特别是优质高等教育的机会，这也是寒门子弟距离一线高校越来越远的原因。在高等教育资源有限的情况下，如何在起点存在着各种差异的个体之间实现教育结果的公平，这是一个复杂的问题。罗尔斯在《正义论》中虽然更为注重平等，把公平的优先权交给平等，但随即又提出"无知之幕"的概念，要求对社会起点的差异给予充分重视，注重对给予弱势群体相应补偿性制度的设计。在教育领域实行补偿性制度的目的是实现不同教育群体的整体利益，将教育制度、政策设计和资源配置向社会弱势群体进行倾斜和给予必要的补偿，使教育弱势群体普遍得到由教育所带来的收益，缩小不同群体之间教育机会的差距。正是因为个体享有的教育资源的不对等，或者因教育发展中特殊的自然、历史、社会等因素而存在的地区差距，需要对某些弱势群体（如少数民族地区、中西部地区、农村贫困地区）给予必要的调整和补偿，以弥补其能力欠缺、缩小教育差距，最大限度地体现高等教育的公平性、包容性和人文关怀。因此，补偿性制度一直是许多国家占主导地位的教育公平举措。包容性制度对于保障弱势群体的高等教育权益、促进高等教育公平具有重要意义，但从制度建构和操作情况来看，单纯依靠制度内的补偿措施仍存在一些局限。

一、包容性制度的顶层设计和整体规划明显不足

21世纪以来，随着包容性制度的制定与实施，处境不利的学生群体的高等教育权益得到政府越来越多的关注，我国高等教育机会失衡的格局有了较大改善。然而，现行的包容性制度仍主要体现为各类零散的补偿性教育举措、补偿性教育项目，缺少制度体系的顶层建构和国家层面的整体规划。从根本上转变弱势群体的不利处境，包容性教育制度设计还需要做出更大调整。例如，针对农村学生在重点大学录取率偏低的现象，安排中央部委属高校和地方"211工程"高校实施农村贫困地区定向招生专项计划，在中央部委属高校和其他自主招生试点高校实施农村学生单独招生计划，并组织了各省（区、市）本地所属重点高校招收农村学生专项计划等。这些高等教育改革主要采用"打补丁"的方式和以问题为导向的分项改革措施，即在原有的高等教育制度框架下，针对现实高等教育利益格局的失衡问题进行查缺补漏，通过增加一些新的制度成分或补偿性举措，以部分地解决高等教育公平中存在的问题。这种"打补丁"式改革难以从根本上解决教育弱势群体的不利处境，更无法从根本上突破高等教育机会公平的瓶颈问题。这亟须拓宽视野，从整体上对其进行把握，加强相关制度的系统设计。

推进包容性制度改革，需要从整体上把握高等教育公平的深层次、实质性、价值性问题，超越现有改革中的缝缝补补状态，坚持顶层设计构建合理、有效的高等教育公平制度，坚持整体谋划以提升教育制度的适应性和针对性。具体来说，高等教育公平制度的顶层设计与整体规划内在地包含以下几个基本向度：一是以法制建设加强包容性教育制度的规范运行。当前，补偿性教育尚缺少法律保障，政府对于补偿性教育的责任也未能以法律形式予以明确规定，法律监督机制尚不完善，在补偿性教育中的权力寻租和权力腐败的追责机制不严格，这些都不利于提升补偿性教育的制度效果。二是建立涵盖各类教育层次的补偿性教育项目。补偿性教

育项目不仅要涉及高等教育，还应涉及小学、初中、高中教育阶段，贯穿整个教育体系是补偿性教育项目惠及更广人群、发挥作用更大的有效方式。我国教育补偿性制度还有很大改进空间，尤其是基础教育领域仍存在着"重点学校制度""流动人口入学难制度""农村撤点并校"等问题，这实际上是义务教育阶段教育制度价值导向的扭曲，无形中固化了弱势阶层教育处境和其社会地位。三是建立补偿性教育的有效评估机制。以实效性为指针建立制度的有效评估机制是提升补偿性教育发展作用的助推器。补偿性教育作为一项有关教育公平的民生公平，由于政府的政绩导向使得舆论较多关注其积极性、成效性方面，对制度深层次问题关注不够，且由于保障项目的多样性、保障目标的精准化、保障主体的多元化、保障路径的差异化、保障对象多样化等，使差异化分类瞄准机制的系统设计难度增加，包容性制度的评估过程也变得更加复杂。四是建立社会补偿的一体化推进机制。高等教育公平的实践必须回归社会的整体性轨道上来，仅从高等教育系统内部造成机会差异的要素入手是不够的，更重要的是消除导致教育发展鸿沟的经济基础、社会根源和制度性障碍，以形成内外部协同推进教育公平改革的良好社会环境。

二、包容性制度得以建立和运行的保障条件尚不完善

根据美国学者托马斯·R.戴伊的"制度过程模型"，高等教育公平的包容性制度设计要经过问题识别、制度议程论证、制度形成、制度合法化和制度执行等系列环节。[①] 制度的有效执行需要在"问题识别"环节形成广泛的社会认同，也需要在"制度执行"中给予保障条件的支撑。从实际运行情况来看，高等教育公平的包容性制度得以建立和运行的保障条件尚不完善。

一方面，包容性制度建构缺乏民主、公平、公开、公正的程序伦理保

---

① 托马斯·R.戴伊.理解公共政策[M].谢明，译.北京：中国人民大学出版社，2011：66-69.

障,导致制度认同度难以达到理性水平,使包容性制度的有效推广仍存在一定的问题。任何制度都是为解决问题而生的,发现问题是制度制定过程的首要环节。问题认定是将人们持续关注、亟待解决的社会公共问题转化为公共政策问题,并促使其作为议题列入政府的政策议程,它反映了民众与作为公权力的政府之间的认识取向,并与公共制度、公共政策的价值取向相呼应。① 高等教育公平制度中包容性价值取向的确立、补偿性措施的推行,与社会的广泛认同高度相关。然而,我国教育行政部门长期以来的政策性思维没有转变,治理理念强调统筹权,治理手段上仍采取传统计划模式,补偿性招生指标也主要以宏观调配和计划下达的简单方式执行,往往导致制度执行难以取得理想效果。如 2016 年 4 月教育部公布《2016 年部分地区跨省生源计划调控方案》,为了促进高等教育公平,提升中西部教育薄弱省份大学录取率,要求江苏省、湖北省的生源计划调出总数分别为 3.8 万个和 4 万个,这项补偿性举措招致了江苏、湖北等省份的激烈抵制,不少考生家长以侵损本地区受益群体之利益为由,向当地教育主管部门陈情,希望主管部门公开决策过程。这一事件表明,包容性制度还未形成稳定的社会基础,需要加强政策宣传、政策解读和必要的政策手段、政策工具,以规避社会矛盾和利益冲突的发生。从根本上说,教育制度是教育利益关系分配的设计和导向,高等教育公平的包容性制度的研制需要具备程序的民主性和价值的合法性基础,任何一项公共政策的出台,都需要民众的集体参与和社会的民主讨论、相关团体的利益博弈,然后依次通过投票、表决等民主化程序最终实现其合法性依据。政府要担负起教育公正、治理民主的伦理责任,教育制度建设要符合民主、科学的制度伦理,不仅要注重制定新的制度,完善已有的制度,废止不适用的制度,更要注重不同制度之间的协调与配合,突出针对性和指导性,要广泛听取群众、专家和利益相关者的意见,从而提高对制度的认同。

---

① 杨思帆.处境不利儿童教育补偿政策的理论基础、国际经验及本土策略——基于美国、印度两国教育政策的分析[J].西南大学学报:社会科学版,2017(5):82-88.

　　另一方面,高等教育公平的包容性制度需要的配套跟进措施和保障性条件不健全,系统协同落实的有效性还有待提升。高等教育公平的包容性制度的构建是在社会、政治、经济等制度框架下系统优化的过程,包容性制度的建立离不开教育管理体制、资源配置模式、经费保障体系等多领域教育协同治理的考量,包容性制度的执行也需要兼顾教育经费的投入体制、转移支付等直接配套措施的系统跟进。[①] 我国针对补偿性教育机会的财政保障仍不完备,缺少相关转移支付制度的支撑。另外,地方政府过多地考虑自身或辖区的"狭隘利益",忽视或损害了国家或社会的"共同利益",形成"排他性利益集团",使得国家层面的高等教育协调发展只能靠边站。[②] 在这种情况下,高等教育公平的补偿性制度面临地方利益固化、教育资源稀缺、财政支持不足等诸多困境,仅仅依靠教育行政部门下达的临时性指令、政策、文件难以系统推进和有效落实,治标不治本的政策举措无法解决根本问题。我国高等教育招生制度以省为单位组织录取,由于计划经济时代沿袭至今的高考指标分配制度以及高校与地方利益的捆绑关系,地方政府在招生名额的分配上有很大的自主权,尤其是地方高校,其办学特点是财政来源于地方政府、更多地依附于地方行政控制,这就必然导致了高校属地化招生倾向以及对于非本地户籍考生的排斥态度。补偿性招生计划不仅意味着非本地户籍考生要占用本地高校录取名额,也势必要占用地方财政支持的教育资源,这对既得利益集团的地域优势和地方保护主义的惯性定势以冲击,[③]势必导致包容性制度落实缺乏社会基础和实践动力,甚至会遭遇实践阻力,导致补偿性举措难以有效推进。国家和地方政府之间应构筑较为合理的责任分担机制,明确补偿性教育机会所需经费的筹措与分担问题,要完善中央财政转移支付制度,

　　① 陈文,宋小娇.高等教育公平补偿政策优化前瞻——以农村贫困地区专项招生政策为例[J].江苏高教,2015(1):14-17.
　　② 蒋华林.我国高等教育"块块分割"的效应及制度分析[J].高等教育研究,2016(4):14-22.
　　③ 蒋洪池,梁燕,彭元珍.我国实现"异地高考"的阻力分析与消解策略[J].高教探索,2013(1):16-18.

加大教育经费补助力度。我们亟须加强对包容性制度的深入研究,完善相关保障条件及措施,以实现包容性制度的顺利运行。

三、包容性制度面临体系性局限和调节能力不足的困境

所谓包容性制度的调节能力,是指包容性制度在履行高等教育机会的再分配职能过程中,在调节区域差距、抑制城乡差距、防止阶层固化、促进教育公平等方面所表现出的能力。从实践情况来看,教育公平制度体系的一些问题和局限性,导致了我国高等教育的包容性制度面临某些调节能力不足的困境。

当前,教育制度运行过程中仍存在某些不当的价值导向,消解了包容性教育制度的调节能力。高等教育机会是一种累积性机会,不同社会群体间的高等教育机会差距以及教育权益的失衡问题既受到基础教育累积的影响,同时也是社会性因素、历史性因素、体制性因素、结构性因素等共同作用的结果。首先,我国长期实行一种二元分割的教育制度,表现为城市和农村之间进行整体分割,在各教育阶段内部的重点学校和普通学校之间的分割,导致分属于两种体系下的教育群体的权利实现程度截然不同。尽管 21 世纪以来,我国教育资源配置取向开始从强势倾斜向弱势补偿转变,但教育资源配置的差距和业已形成的两极化格局并未发生根本转变。① 其次,在目前教育差距在较大范围内广泛存在的现实情况下,高等教育公平的包容性制度不可能覆盖所有弱势人群,暂时只能选择某些最贫困的代表性地区给予招生政策的倾斜有其合理性,②但制度优惠面和覆盖范围必然影响到其他未得到优惠政策的弱势群体教育权益的实现。最后,补偿性项目招生过程中容易出现权力寻租、徇私舞弊等情况,导致

---

① 许丽英. 论教育补偿机制的构建——义务教育资源均衡配置的实现路径探讨[J]. 教育发展研究,2010(19):31-35.

② 余秀兰,白雪. 向农村倾斜的高校专项招生政策:争论、反思与改革[J]. 高等教育研究,2016(1):22-29.

了补偿性制度异化。例如，在中西部和民族自治地区，高考移民问题一直是影响高等教育公平的一项顽症。掌权者利用倾斜性招生政策通过提前空挂户籍与学籍的方式，为其子女或利益相关者牟利，占用弱势群体的倾斜性教育机会。[①] 近几年影响较大的高考移民案件有内蒙古高考移民案、重庆开县高考移民案以及甘肃平凉高考移民案等。这些高考移民案件反映了户籍管理部门、学校等机构之间缺乏相互监督，工作不公开、不透明，或存在权力寻租与钱权交易的现象。

另外，包容性制度需要准确反映弱势群体的现实需求，要以现实的高等教育公平境况为依据，制订具有针对性的保障性计划，明确政策受益的主体、保障的重点和主要补偿对象。当前，我国高等教育的包容性制度主要考虑到宏观层面的均衡目标，缺少中观层面和微观层面的精细化政策设计。从制度设计的角度来看，我国针对弱势群体"扶持政策"和"专项计划"的设置体现了"弱势补偿"公平价值，但补偿性制度、倾斜性政策和专项招生计划等无法成为解决高等教育资源分配的"万能灵药"，也不能成为矫治高等教育资源分配失衡问题的基础性工具。由于招生规模、招生范围、招生比例偏小，因此对于高等教育公平的调整功能依然有限。另外，补偿性招生项目本身所规定的招生范围、招生规模是否科学合理也成为有待深入探讨的议题。比如，目前关注度较高的区域教育公平问题，有关部门于 2008 年开展"支援中西部地区招生协作计划"，在限制中央部委属高校属地化招生、缩小地区间教育机会差距的基础上，将招生计划的增量向中西部地区转移，对于协调高等教育机会的区域均衡发展发挥了重要作用。但这种简单地以东部地区、中部地区、西部地区为依据的区域补偿性举措，不仅忽略了高等教育机会的区域内部差异，不利于精准补偿和精细化管理，而且导致如海南省等东部地区入学机会不高的省份，难以得到补偿性政策的支持。因此，随着"支援中西部地区招生协作计划"深入

---

① 刘希伟."高考移民"的新动向与治理策略[J].教育发展研究,2015(Z2):7-12.

开展和制度的不断完善,应进一步弱化以东、中、西部区域划分为标准的补偿性改革模式,以地区入学机会的实际水平为标准建立动态的被支援省份调整机制,基于地区差异因地制宜制订补偿性招生名额的分配计划。另外,以往的包容性制度中针对少数民族群体的各项补偿性举措更多关注宏观层面、整体性的民族政策,较少关注少数民族内部高等教育机会获得方面的差异,特别是户籍制度和城乡二元结构等因素造成的少数民族城乡差异。从实践效果来看,高等教育机会在少数民族内部分配的城乡差异远大于汉族内部的城乡差异,[①]关注少数民族内部高等教育机会获得的城乡差异,解决好农村贫困地区少数民族教育权益保障问题,应成为未来高等教育包容性制度改革的重点。总之,只有以公平、公正的制度伦理精神为指导,通过科学的决策机制和有效的分配方式、政策杠杆,才能回归高等教育公平问题本身,实现高等教育制度的整体优化。

第三节　发展性制度建构的问题及表现

从教育制度的发展性价值来看,高等教育公平的目标导向,应当是为每个学习者提供"适切"的教育,以多元化的教育资源和教育提供方式为基础,满足不同主体能力、个性、禀赋、兴趣的不同发展需要,促进和保障每个受教育者充分发展。高等教育是兼具人才选拔与培养双重属性的重要教育阶段,高等教育公平也并非让所有人接受无差别的教育,多样化的、适切的、满意的教育机会供给是高等教育公平的根本价值追求。因此,加强发展性制度建构,为每个学生提供丰富的、适切的选择性教育机会,使他们的个性和禀赋得到充分的、有效的发展,是保障高等教育公平的重要方面。然而,从制度顶层设计、制度建构、具体落实情况来看,发展

---

① 李春凯,吴炜.民族身份、城乡分割与高等教育不平等[J].北京社会科学,2017(09):42-49.

性制度遭遇弱化、虚化的现象时有发生,导致教育选择的制度目标无法实现,我们把这种制度实施过程中出现的改革执行及其结果与目标、任务不相符的现象,称为"发展性制度虚化",具体表现在以下几方面:

一、高考制度的僵化僭越了学生教育选择的权利

建立科学、完善的全国高等院校招生录取考试制度(简称高考制度)是全面实现科学选拔人才和保障高等教育公平的重要选择。我国当前的高考制度具体包括统一时间的考试体系、分省报考投档体系以及高校录取体系三个部分或主要环节。高考制度的僵化主要表现在"大一统"的高考模式和强计划性的录取方式等方面,这与人的发展与教育发展的现实需要之间存在着巨大反差,也成为影响高等教育公平的制度性障碍。僵化的高考制度不仅压抑了学生的个性,使学生的差异性表达不充分,还导致了学生与高校之间双向选择的制度环境缺失、实现路径不畅,①这也是高考制度备受诟病的主要原因。现行的高考制度以"单一尺度"的评价方式掩盖了个体间的差异性,缺少了学生个性特长的差异性评价,造成了教育同质性的价值导向,无法满足学生对教育的选择以及学校专业选拔的需要。未来的高校招生考试制度应突破几十年来形成的"大一统"高考模式束缚,在人才选拔的形式和标准上,根据个体发展的差异性与多样性来组织有效的人才评价。这是社会进步和人的发展的需要,也是高等教育公平不断走向深化之必需。

当前,我国高等教育大众化加速发展,随着高等教育新的发展阶段的到来,高考制度需要主动变革,由选拔少数精英的高考模式向多元化的入学方式转变,探索有利于学生教育选择的高考招生制度。在考试机制改革方面,要适应学生多样化、差异化、个性化发展的要求,也要符合高校学科特点、人才培养规格和多样性发展的需要,提供多元化的人才选拔机制

---

① 张苏.高考改革的目标模式与推进策略[J].教育研究,2012(8):101-107.

和弹性的高考招生制度;在考试内容改革方面,要尊重学生在学科兴趣选择、能力特长等方面的差异,提供适切的评价项目形式;在考试类型方面,要考虑学术型、应用型、技能型人才规格的差异性,提高学生考试类型的选择性。未来的高考改革应以学生多样化发展的需求为核心,践行以人为本的制度伦理思想,提高高考制度的选择性,扩大学生的选择权,构建多样化的、公平公正的学生评价体系。

我国选择性教育制度性建设和政策性建设正处于起步阶段,相关制度从顶层建构到具体的操作实施还有很长的路要走,相关政策需要酝酿修订,重要的举措需要反复论证,改革的方案需要局部试行,特别是人才评价和选拔制度方面,仍需要大胆创新,进一步深化高考制度改革。过去以选拔或淘汰为主的高校招生考试制度在内容、形式、录取办法等方面需要全面调整,改革的主要方向是建立有利于考生展示才能、实现全面评价、促进个性发展的招生考试制度,而贯彻和实现高校、考生的选择权成为未来招生考试改革的重要内容。《国务院关于深化考试招生制度改革的实施意见》(国发[2014]35号)从宏观层面顶层设计了高考招生制度改革的方案,提出了增加学生选择权以促进科学选才、改革考试形式和内容以促进学生的成长、改革招生录取机制以促进社会的公平公正作为改革的主要目标。浙江省和上海市最先进行了高考考试招生制度改革试点,两省市的高考改革方案推出了系列选择性教育的改革举措,提供多样化考试机会和多元录取通道,从根本上解决了传统高考制度“一考定终身”的弊端,体现了高考制度改革中以人为本和公平公正的价值导向。当然,制度改革和制度创新是一个系统过程,体现为一系列规则、非正式约束、实施形式以及在实践检验有效性基础上的综合作用的结果。通过扩大学生的选择权,人的个性差异得到了充分尊重,使学生可依据学业情况和兴趣特长,自主选择升学模式、自主选择考试类型、自主选择高考选考科目。另外,部分高考科目(如外语)实行社会化考试,考试次数、时间等方面也具备了一定的弹性。① 我们看到,我国高考改革试点纷纷将改革着力点聚焦于保障教育机会的选择性和为学生的不同能力倾向提供发展空间方面,虽然制度建构仍不成熟并存在各种局限,但它毕竟在朝着有利于人的发展的教育终极目标不断推进。

二、封闭的教育体系限制了学生自由发展的空间

现代耗散结构理论认为,相对于封闭的、孤立的系统,具有耗散结构的开放系统更具有持续生存和不断发展创新的活力。以人的全面自由发展为宗旨的教育,必然表现为一种具有开放性、多样化和相互融通特点的现代教育体系。当前,我国现代教育体系建设仍不健全,成为促进各级各类人才成长和实现我国教育公平的主要瓶颈。我国教育体系内部长期存在条块分割问题,普通教育体系与职业教育体系之间壁垒高筑,也未能够把各个学段有机衔接起来。我国职业教育体系仍不完善,职业教育被作为一种就业导向型教育,体系内部只有中职、高职两个层次,应用型本科发展不充分,职业硕士、职业博士更似空中楼阁,这种状态无法满足人们接受高端职业教育的需求,与建立中职、高职、本科、硕士、博士的一体化人才成长通道还有很大距离。另外,当前的教育体系设计存在职业教育与普通教育间的“断裂”问题,影响这两种不同类型教育间的相互融通,特别是高职与本科缺少院校衔接的通道,更缺少招生考试和学制方面的顶层设计与系统改革,职业院校毕业生很难“跨界”进入普通高等教育系统,无法打通应用型技能人才的专业上升通道,使职业教育陷入“断头教育”的窘境。因而,无法保障职业教育学生多元化成长的教育权益,使职业教育学生纵向发展空间受到限制。

教育公平的实现需要现代教育体系的支撑,而教育体系的公平价值体现在为每一位学生能够平等地享有教育权利提供结构支撑和制度保

---

① 梅新林.在双向选择中为学生成长提供更为广阔的发展空间[N].浙江教育报,2014.

障。其中,最重要的权利就是升学选择和继续深造的权利。为了实现促进个体多元成才和可持续发展的目标,现代教育体系不仅需要进一步完善内部层次结构,还需要优化制度安排以保障不同层次教育之间顺畅的一体化衔接;特别是强调通过学制的系统设计,构建普通教育与职业教育间相互融通、相互转换的上升通道,以满足个体在教育体系内部持续发展的需要。当前,现代职业教育体系的重点是完善职业教育的内部层次结构,真正使职业教育成为一个具有中专层次、专科层次、本科层次以及研究生层次的完整教育类型,使之成为与普通教育体系完全等值的教育体系,并进一步优化"普职"转换的通道,使职业教育学生可以升学选择进入更高层次教育中学习。① 通过现代教育体系的建立,促进各级各类教育纵向衔接、横向沟通,结束职业教育长期被视作"断头"教育的尴尬局面,为学生搭建有利于教育选择的教育结构体系。

发展权作为我国公民的基本权益,是实现教育公平的首要价值。保障学生公平的发展权益是教育体系的系统性改革与整体发展的基本前提和重要价值。在教育体系的改革与实践中,需要通过持续的政策调适、制度变革以及职教体系的完善,不断保障学生的各种发展权益,实现学生的自由、全面和可持续发展是教育公平的一个基本诉求。尤其是对职业教育学生而言,再教育和继续教育权利受限的问题,既是当前教育体系缺陷的一种必然结果,又是教育制度惯性与各种深层矛盾纠结的浮显。这一缺陷,对外影响整个教育体系的公平,损害职教学生的切身利益,导致学生发展后劲不足;对内不利于提升职业教育的社会吸引力,制约职业教育改革的层次水平,闭塞职业教育进一步改革与发展路径。目前职业院校毕业生的综合技术水平仍然偏低,要想成为高级技术人才和技术过硬的高级蓝领,满足中国经济对产业工人转型升级的要求,继续教育和再教育至关重要。但当前高等学校招生向普通高中倾斜,职业教育毕业生升学

---

① 关晶. 现代职业教育体系的"现代性"辨析[J]. 中国高教研究,2014(11):25-28.

比例受限,多数学生难以进一步继续提升学历和技术水平。未来的教育体系应以公平为指向,为不同教育类型的学生提供平等的发展机会,使他们的潜力、素质、才干能够得到平等发展。

教育是改变命运,促进社会合理流动的重要方式。通过教育的有序选择,改变阶层的代内循环及代际传递,使社会底层获得向上流动的机会。但现阶段,我国职业教育在促进社会阶层流动方面的功能还有待进一步发挥。由于教育系统本身所具有的分层现象,处于教育金字塔底端的职业教育招生主要以社会底层学生为主,而以"面向生产、建设、服务与管理一线培养能适应经济发展需要的技术技能型人才"为培养目标,也决定了职业教育所对应的阶层相对集中于社会较低的层次,这就势必降低了职业教育在推进社会阶层流动方面的积极作用。另外,职业教育先天所具有的"功利性""工具性"以及"就业导向"等特点,使其在人才培养过程中更侧重技术性、突出应用性,而不是注重教育在塑造与培养"全面发展的人"方面的作用,这也导致了职业教育所培养的学生局限于初级的职业岗位和较低的社会阶层之中。当前,我国正处于不断深化社会改革、全面建设和谐社会的关键时期,这要求高等职业教育不能只是停留在以速度和规模为特征的线性发展阶段,而应在关注人的全面发展、基本教育权益的自由获得、满足社会公共服务等方面反思职业教育发展的核心价值。认清影响职业教育学生发展权益的各种现实约束条件,是现实的需要和时代的任务,同时也是增强职业教育吸引力的需求,对化解我国职业教育进一步发展的困境和实现职业教育学生的全面发展目标具有重要的现实意义。

保障学生的"教育权益""发展权益"以及实现教育公平的理想愿景,这并不是一个简单的问题,而是一系列复杂问题的组合,因此不能用简单化的方法解决,需要从理念层面的社会观念引导、宏观层面的教育体系构建和微观层面的学校自我改进等不同结构层面中寻求解决的思路与改进的方法。当前,我国教育体系的僵化和教育制度的局限是制约高等教育公平的一个重要障碍,特别是在选择性教育机会方面,它阻断了学生在完成高职、专科层次的教育后的本科、硕士以及博士层次的发展路径。构建现代职业教育体系是实现职业教育学生全面发展的基本要求。《国家中长期教育改革和发展规划纲要(2010—2020 年)》明确要求:搭建终身学习"立交桥",促进教育纵向衔接与横向沟通,建立学分积累与转换制度,实现不同类型教育的有效衔接与成果互认。《中华人民共和国国民经济和社会发展第十三个五年规划纲要》也提出,要建立学分累计制度,畅通继续教育与个人成长的有效通道,制定国家资历框架,推进教育学习、职业技能等级学分转换互认。总之,我国关于教育改革和发展的政策规划已明确指出了教育体系改革的方向,但现实的教育实践仍有很长的路要走,针对当前我国教育体系存在的主要问题和实际需求,需要进一步明确教育改革的具体路径,构建教育体系"立交桥"为学生的教育选择提供制度环境,已成为我国不断推进教育公平的重要任务之一。

三、大学结构异化与教育机会的多样性诉求相抵牾

从教育哲学的角度看,教育的可选择性与教育结构密切联系。教育结构多样性是教育机会可选择性的基础和必要条件,教育机会的选择是在教育结构多样性基础上实现的,是教育结构对于个体差异性的适应和尊重。高等教育为了满足个体的差异性诉求,需要不断对自身的结构与功能进行反思,通过适当地改造与系统性的重构来实现高等教育机会的多样性,以更好地满足个体差异化的教育需求。因此,结构性问题是高等教育领域的重要议题,也是保障选择性教育机会与优化发展性制度设计的重要突破口。如果高等教育的结构出了问题,教育的选择性就会受到限制,选择性教育机会的实现就会受到抑制,发展性教育制度就必然存在局限。基于此,必须构建合理的高等教育结构观,在多样化的高等教育系

统中，人们多样化的教育需求才能真正得到满足。当前，我国高等教育结构的弊病在于大学的金字塔结构以及同质化问题。大学的金字塔结构反映了高等教育资源配置制度方面存在的问题，重点建设制度使资源分配不均衡，优质教育资源稀缺，高等教育质量无法满足人民接受高等教育的需求，必然产生教育公平问题，限制人们的教育选择。大学的同质化问题反映了高等教育评价制度方面困境，大学的考核评价标准单一，导致大学综合化、模式化、千校一面，缺乏多样性和办学特色，限制了教育选择的空间。

在高等教育后大众化阶段，我国高等教育的矛盾主要在于供给制约，而不是有效需求不足。供给不足产生的原因既有总量性问题，更有结构性问题，这也是我国高等教育摆脱"外延式"发展困境，更加注重教育内涵建设和发展方式转型过程中所要解决的重要问题。[①] 我国优质高等教育机会的结构性短缺和教育供给形式单一、供给结构不合理问题已成为制约高等教育公平的重要因素，需要以社会需求为引领加强高等教育结构的顶层设计和具体调整思路的整体谋划。从供给的角度实现高等教育的结构优化，丰富高等教育机会的供给类型，建构一个多样化、系统性、高质量、有特色的高等教育结构体系，以满足不同人群对优质高等教育机会的多样化需求。随着现代高等教育质量观的转变，未来的高等教育机会供给应坚持标准的多样化和类型的多元化，在层次和类型上要反映受教育主体不同的发展诉求，无论是综合性、多科性、专科性的大学，还是学术型、专业型、行业型、应用型的高等院校，它们只代表了一种教育层次或学校类型，并不代表高校水平和办学质量，每所学校都应该在高等教育的分类体系中实现科学定位和特色发展。高等教育的每个层次、类型、方向、领域都应该具备一批高质量、多样性、特色化的高等学校，致力于高等教

---

① 金保华，刘晓洁.高等教育供给侧结构性改革的理论逻辑与实践路径[J].教育与经济，2016(6)：17-23.

育的特色建设与多元化发展格局并能够提供丰富、优质的高等教育机会。依据开放、多元、特色和卓越的现代标准来推动不同类型高等学校的内涵建设，无论是学术型高校或是应用技术型高校，无论是起点高的学生或是起点低的学生，都具有公平、自由、多样化的发展空间。然而，我国当前的教育制度关注的重点仍然是高等教育的"优质"方面，采取的制度路径主要是"重点建设"，采取的政策杠杆主要是追加投入，主要是通过重点建设提升优质高等教育质量，通过追加重点建设名额拓展优质高等教育覆盖面，通过创新重点建设制度体系提升优质教育建设效果。我国的高等教育制度体系对于高等教育"特质"和高校"特色"等方面的关注度还不够。从整个高等教育系统来看，有效的高等教育供给结构应是"优质"和"特质"的结合体，构建公平、多样、卓越的高等教育结构体系，有效的制度供给使每个学生都能够接受适合自己的教育，同时也致力于将最好的教育提供给尽量多的人，增加教育的选择性机会，不断推进高等教育公平能够向更高层次、更深领域、更有利于实现学生自我价值的方向发展。

高等教育结构的调整与整体改进需要系统的制度环境。高等教育的发展应该是制度性发展。[①] 高等教育结构的调整、体系的重塑以及结构体系的整体优化可以归结为高等教育的系统性转型问题，这背后必然存在着某些共性的制度性因素。制度的创新不仅为高等教育发展注入新的要素，而且往往成为高等教育系统推进综合改革和重大转型的动力引擎。高等教育转型需要系统解决关键领域和关键问题，其中最重要的问题之一就是，从统揽全局的角度建立完备有效的制度体系。当前，结构优化所面临的制度问题是系统性的，诸如如何加强顶层设计，构建分化与协同的教育体系，打造职业教育与普通教育的融通机制、中职教育与高职教育的衔接机制，促进大学结构体系的协调、大学功能的分化与协同发展；如何

---

① 陈解放.论地方本科院校转型发展——大学内在逻辑与观念文化视角[J].中国高教研究,2014,(11).

改变传统的评价模式,建立不同类型高校的评估标准,为转型发展提供公平公正的制度环境和舆论基础;如何明晰大学在高等教育转型中的主体地位,在招生制度、教师聘任制度、专业设置制度等方面赋予大学更多的自主空间;如何加强部门间的协同,建立健全政府主导、行业指导、企业参与的办学机制;如何形成一套相对完整的、系统的运作机制,经费保障转型、信息促进转型、评估引导转型、试点带动转型等举措,使转型行为得到规范、引导、约束和有效履行,等等。这些制度供给障碍、制度实施困境不改革、不破除,高等教育的系统性转型自然难以有效推进。当前,亟须各级政府把创设适宜的制度环境置于绝对优先的地位,积极营造有利于转型的各种制度条件,营造实现转型的适宜土壤和制度环境,通过制度建构促进转型目标的全面实现,这也是高等学校实现持续健康发展的关键所在。[①]

任何改革决策只有转化为整体性行动才能有效落实。完善高等教育结构与构建现代教育体系是实现我国高等教育公平的一个基础性条件。实现这一目标没有捷径,需要系统性的综合改革,其关键之一是重塑高等教育发展的内外部环境,构建外部动力与内在动力协调发展的教育结构优化机制,通过中央政府的顶层设计、地方政府的推进执行、行业企业等协同参与以及不同学校主体的组织实施,明晰改革目标,明确转型机制,疏通资源壁垒,解决好利益分配、风险防控、职能整合等一系列关键性问题。推动高等教育的整体结构优化,促进大学特色发展和高质量发展,以提升教育机会满意度,需要凸显高校在改革和发展过程中的主体地位。要以"何以"和"如何"催生大学在转型过程中的内生动力为主线,形成支持转型发展的政策框架体系和制度保障机制,提升大学的自我转型能力、开拓创新能力和自我发展的生命力。另外,转型不是在封闭的系统中进行,高等教育诸多深层次矛盾的解决,除了有赖于政府职能的调整和完善

---

① 刘国瑞,高树仁.高等教育转型的结构—制度整合模式[J].教育研究,2017,38(05):50-54.

外,行业、社会的监督与参与也必不可少。目前,鼓励和促进社会参与高等学校发展的有效制度供给仍然不足,有利于行业充分发挥参与、指导、评估职能的制约因素依旧存在,需要从政府政策和具体实践层面进行规范。[①] 构建公平、合理、高效的制度体系,推动高等教育结构优化和质量提升,是不断推进高等教育由底线公平向更高层次、更高水平的公平发展的重要举措,也是不断提升人们对高等教育满意度和获得感的必然要求。

---

① 刘国瑞,高树仁.高等教育转型的结构—制度整合模式[J].教育研究,2017,38(05):50-54.

第七章

制度建构：
高等教育公平的制度路径与实践逻辑

>>>

　　高等教育公平的实现需要实践智慧，如果过于理想化而离开实践价值，就有可能陷入误区。[①] 高等教育公平的制度实践路径可以从制度设计与建构、制度实施与运行、制度评价与调适等不同阶段进行适度解构。在这个连续的制度过程中，保障制度伦理价值的规范作用和制度伦理功能的有效发挥，是推进高等教育公平制度不断完善的前提，也是高等教育公平的行动基础和实践逻辑。

第一节　伦理涉入：教育制度的顶层建构

　　高等教育是在制度中存在并不断发展的，如果制度结构设计不合理，教育制度本身就缺乏合理性基础，那么它就无法实现对高等教育利益关系的有效调控，最终也必然无益于高等教育公平的实现。高等教育公平的有效推进离不开制度的顶层设计与制度伦理的规范作用。实现制度建

---

　　① 劳凯声.教育机会平等：实践反思与价值追求[J].北京师范大学学报：社会科学版,2011(2):5-15.

构的"伦理涉入",需要加强制度的公平等、包容性和发展性等不同维度的制度规范,为推进教育公平提供制度环境和内生动力。平等性制度包括考试制度的公正性和招生制度的公平性两个方面,该制度强调高等教育的起点平等、权益平等,特别是涉及人才选拔标准和选拔方式的公平性。包容性制度关注受教育者的社会经济地位等外源性条件的差异及其对教育机会获得的影响,并对教育弱势群体实施教育机会方面的补偿。发展性制度强调根据学生个体差异,提高教育机会的选择性,以满足学生个性充分发展的需要。

一、在公正性制度中培育规则公平的价值基础

招生考试制度是高等教育公平的基础性制度安排。我国招生考试制度改革的关键是形成一个科学、公平、安全、规范的招生考试制度体系,这是一个漫长的过程,需要经历无数次的制度调适、制度变革与制度创新。通过加强招生考试制度的顶层设计与综合改革,解决招生考试的法制化建设,实现招生计划的科学调控,保障考试内容的科学有效以及考务工作的安全规范。

加强考试制度改革,全面优化高考效能,以提升人才选拔的科学性、公正性与合理性,是实现高等教育公平的关键。[1] 考试制度改革应遵循以下原则:一是坚持合目的性、合工具性与合规律性的辩证统一。高考制度改革必须在科学、安全、公平、高效的理念指导下进行,以教育规律为根本原则,优化高考在测试、遴选、评价、导向和育人等方面的教育功能,提升高考制度设计和高考组织实施的科学性,科学推进公平,[2]实现高考制度效率性和公平性的平衡以及教育功能与社会功能的统一。二是坚持问题导向,实现高考制度的现代转型。当前,我国招生考试制度改革正处在关键时期,要聚焦于考试制度改革过程中暴露的实质性问题及制度性缺陷。

---

[1] 傅维利.我国高考改革的困境、出路及新方案设计[J].教育研究,2009,30(7):8-13.
[2] 郑若玲.高考改革的困境与突破[J].厦门大学学报:哲学社会科学版,2017(3):1-10.

如分数差异本身可能隐含的不平等如何矫正的问题,分省命题所暴露出的命题质量和难度波动大的问题,高考内容偏差导致的考试效度、信度、区分度无法保证的问题等。要在可能的条件下加快考试制度改革步伐,构建符合时代精神的高等教育考试制度。三是加强考试制度与相关配套改革的系统推进。高考只是教育公平的一个关键结点,高考改革是一项系统性改革,它以高中教育为起点,包含录取机制,延伸至高等学校人才培养的全过程。[①]《国务院关于深化考试招生制度改革的实施意见》指出了高考改革相关的诸多领域,如高中阶段要建立学生综合素质档案和推行学业水平考试,高等学校要完善招生计划分配方式和创新选拔机制,社会治理方面要加强诚信体系建设和推进户籍管理制度改革等。这些制度安排综合影响着高考改革的顺利进行,要以整体的视角、统筹的方法、系统的安排来推进高考制度体系改革的进程。

以公平原则为导向,加强招生制度改革,是当前高校招生制度改革的重点。首先,要优化高等学校招生计划编制和管理工作。高等教育权益的区域差异是我国高等教育公平问题关注的焦点,而高考录取率的省际差异在很大程度上取决于高等学校的分布状态和高考录取制度。目前我国高等教育发展水平地区差异还比较明显,国家要通过政策调控尽可能缩小地区间高等教育入学机会的差距,尽可能地实现不同省域录取率的均衡。其次,严格控制中央部委属高校属地化招生比例。我国高等学校按照隶属关系可以分为中央部委属高校和地方高校。中央部委属高校一般由中央财政支持,同时地方政府参与共建,这就不可避免地在招生等环节受到地方政府的影响和限制,从而使高考招生名额的配置向地方倾斜。应发挥中央部委属高校在招生制度改革中的示范作用,严格限制属地化招生比例。国家教育行政部门要发挥宏观调控职能,制定全国统一的招生配额测算思路、测算指标、测算权重,并建立测算模型,结合学校培养能

---

① 董秀华,王薇,王洁.新高考改革的理想目标与现实挑战[J].复旦教育论坛,2017,15(3):5-10.

力、社会需求和本地区实际情况,公平公正、科学合理安排中央部属高等学校的分省招生计划,并因地制宜地向高等教育薄弱的省份倾斜,不断推进优质教育资源的区域均衡。地方高校作为高等教育招生的主力,其办学特点是财政来源于地方政府、更多地依附于地方行政控制,这就必然导致了地方高校的招生以本地生源为主。对此,国家教育主管部门应通过各种措施积极鼓励地方高校增加在外省的招生比例,如由国家出资鼓励高等教育资源相对丰富的省(市)把招生指标适当分配给部分中西部地区,切实提高弱势群体的受教育权益。最后,实现规范高效考试、科学严谨招生、精准匹配录取的良好机制,尤其在异地高考、加分政策、保送生制度、自主招生制度、多元录取机制以及投档规则等方面加大改革力度,[①]防止招生腐败行为的发生。

二、在包容性制度中构建弱势群体的权益保障

"正义理由的特性体现在其必须考虑社会最弱势群体。因为正义的问题其实质就是他们的问题,即为什么在当前这种社会关系中某些群体通常获得不好的结果。"根据教育机会获得模型,高等教育机会的获得主要是高等教育阶段以前教育累计的结果,既包含个人的能力分化和教育选择因素的影响,也包含社会外源性因素的影响。平等性制度只是保证了形式上的平等,"规则面前,人人平等"的简单化处理,特别是将高考成绩作为高等教育机会分配的主要依据,容易加剧弱势群体就学的困难程度,使社会阶层流动难度加大,从而导致阶层的固化。因此,在高等教育领域要防止社会达尔文主义的思潮或行动倾向,即把生物界的适者生存、优胜劣汰等竞争规律,简单地运用于高等教育机会的分配过程。

要加强高等教育机会补偿方面的前瞻设计,保障扶持弱势群体公平地参与竞争,从而获得基于潜能和努力程度的发展机会,这已成为通向高

---

① 尹达."新高考"的价值取向、现实挑战与路径选择[J].陕西师范大学学报:哲学社会科学版,2017(4):35-42.

等教育公平的重要路径。完善扶持弱势群体的政策体系,如继续实施中西部地区定向招生专项计划、农村贫困地区定向招生专项计划,加快落实"异地高考"政策,增加随迁子女流入集中地的高考录取指标,确保随迁子女教育权益得到保障。通过增加制度供给并完善相关配套措施,努力形成保障弱势群体高等教育机会的长效机制。以政府为主体制定循序渐进、分期推进的相关计划和扶助项目,通过制度升级和完善"差异补偿""实质公正"的补偿性举措,消除弱势群体不能控制的外在因素对其教育机会获得的消极影响,将弱势群体的合理利益诉求整合到制度的设计之中。在教育经费保障方面,关键是明确补偿性教育机会的经费保障责任,通过构建持续有效的转移支付机制,完善补偿性举措的财政保障体系。国家教育主管部门通过各种措施积极鼓励补偿性教育机会的有效供给,如由国家提供资金和政策支持,鼓励高等教育资源相对丰富的省(市)把招生指标适当分配给部分中西部地区,切实提高弱势群体的受教育权益。比较合理的补偿性教育资助安排应该是介于集权与分权的某种中间方式,在维护本地考生教育权益的同时,使新增招生计划向中西部地区、少数民族地区、农村贫困地区、残疾人等弱势群体倾斜。中央政府要设立补偿性教育机会的专项转移支付资金,根据各省对口安排的补偿性教育机会数量,给予提供支援省份一定的公共教育经费和办学资源方面的财政资助和补偿。在社会制度方面,加强社会制度供给,形成弱势群体保障合力。深化户籍制度改革,淡化并逐步剥离户籍制度上的诸多附加功能,使依附于户籍制度的公共教育服务与其脱钩;改变对高等教育的财政直接补助方式,尝试建立教育经费可携带支持机制,以消解户籍制度所黏附的社会差别与不和谐因素,使非户籍人口的受教育权利得到保障;加强市场机制的引入,从而打破地方高等学校的地域垄断,使学生可以突破户籍所在地自由选择认可的高等学校,促使学校提供社会需要的教育服务,提升高等教育的选择性和高等教育满意度。

三、在发展性制度中融入自由发展的价值目标

高等教育公平具有丰富的内涵,不仅是权利的平等、规则的公正以及弱势群体的教育倾斜,也包括与个体需求分化相联系的"教育适切性"。加强发展性制度供给,是实现学生个性化和多样化发展需求的根本保障。

首先,完善教育制度体系,加强普通教育和职业教育的联通机制。在承认学生个体差异、多样化需求和个性特征的逻辑前提下,通过合理的教育分流制度为每一个学生提供合适的高等教育,尊重个体自由选择的权利,给予个体充分选择的机会,实现个性自由发展的目标。高等教育作为整个教育体系的末端,起着连接学校教育与社会生活的桥梁作用。高等教育阶段的分流相对于其他教育阶段的特殊性在于,它应该以一种简单的升学驱动、生存驱动向发展驱动转型,提供一种教育服务和成长支持,使高等教育真正指向人的发展。目前,教育体系仍存在部门分割弊端,要从体制上理顺普通高中和职业高中的关系,构建人才自由发展的教育"立交桥"。要完善学制体系并建立整体化和人性化的制度框架,为适龄儿童与青少年提供多元化与弹性学习途径,加强职业教育与高等教育之间的联系,并在制度上提供专科学生晋升本科院校的合理通道,以基于权利的方式确保职业院校学生的多次选择和无成本流动,获得终身学习和发展的机会。只有教育体系是合理的,教育的整体功能和效益才能充分发挥。当前我国职业教育体系在整体上处于向现代转型的初级阶段,职业教育内部的层次衔接亟待完善,高职教育与普通教育体系的相互沟通问题亟待有效解决。构建能够充分保障学生"纵向流动、双向沟通"的现代教育体系已经成为我国教育改革和发展的重要战略任务。第一,鼓励和引导一批普通本科高等学校向应用技术、职业教育转型,充实本科和研究生层次的高等职业教育,使职业教育的层次、结构和体系更加科学、合理。第二,在提升职业教育层次的基础上,实现各等级职业学校教育的前接后续,打通中等职业教育、专科职业教育、本科职业教育、专业学位研究生教

育等纵向流动的上升通道,系统构建从中职、专科、本科到专业学位研究生的培养体系,保障职业教育学生"人人皆可成才"的发展权益。第三,突破职业教育体系多年来"断头教育"的发展瓶颈的关键,是增强高职教育发展的融通性;应突出高等职业教育的"桥梁作用"和"转换带"功能,实现整个教育体系的"纵向贯通"与"横向互联"。不同教育之间的"转换带",使职业教育与普通教育之间既不相互阻隔,又连接有序,共同为职业教育学生的成长发展提供优良的教育服务。第四,要加强宏观制度建设,如建立不同类型高校转学升学通道、建立学校间的学分积累和转换机制,打通中职、高职、本科等层次教育的路径和通道,为职业院校学生的成长和发展搭建"立交桥"。①

其次,要建构有利于高等教育多样化发展的有效机制,实现高等教育权益自由性和选择性。多样化是植根于高等教育体系的基本属性,伯顿·克拉克认为,如果高等院校各具特色,而不是被呆板地纳入一个大而统的体系,高等教育就能够最有效地体现公平精神。同质化、统一化的高等教育并不符合教育自由的理念,也不能确保高等教育公平。自由理念和高等教育公平的重心在于尊重个体的选择,鼓励个体充分开发潜能,最大限度地实现自身的发展。发展性制度的建构要从总体上改变传统高等学校发展维度单一、教育培养目标同质化、教育结构封闭的种种弊端,致力于在学校系统的现代化转型、教育对象的多元化发展、教育开放与创新发展三个层次上全面深化改革,实现高等教育结构体系、功能建构与社会多元的价值选择之间的动态平衡,打造具有多元开放的分流体系、形式多样的分流结构、统筹兼顾的分流目标、形式多样的个人发展路径以及人人尽展其才的分流效果等特点的高等教育体系。同时,在观念上要逐渐消除高校"三六九等"现象,打破传统高校办学层次的固定局面,形成以学校办学特色、优势学科、强势专业为引力导向,促进每一所大学在类型、特

---

① 高树仁,于畅.职业教育学生发展权益的困境及其化解[J].职业技术教育,2015,36(07):61-64.

色的合理定位中形成卓越的新格局;引导学生拓展对"卓越大学"的理解,凸显大学特色、优势学科及专业的重要性,通过合理分流,在面向全体、关注差异、促使人人成功、推动教育发展、维护社会公平中实现高等教育整体效益,实现高等教育公平与质量并重。

最后,创新高等教育招生考试制度,实现多样化的人才选拔和录取方式。未来高考招生制度改革的方向在于实现从选拔功能向选择功能的转变,学生选择权的赋予不仅体现在学校选择、专业选择与学生自身发展条件契合度的衡量上,更表现在考试的科目选择、高校考察科目的不同组合方式等方面,通过高考制度系统的、综合的改革,把考生从应试教育的枷锁中解救出来,有效促进学生积极的、主动的、个性的发展,实现学生"个体本位"的归位。在人才遴选方面,与多层次、多元化、多类型的高等教育体系相对应的,应该是灵活多样的人才选拔标准、考核方式和录取模式,这是实现高等教育功能由选拔向选择过渡,保障高等教育机会自由选择的根本。这既是大众化背景下提升高等教育入学机会公平的必然选择,也是满足广大学生按照个人的资质、条件、兴趣和意愿自由选择接受高等教育的层次、类型和方式,更是实现我国现阶段教育公平的迫切要求。

第二节　伦理自觉:规避制度的执行偏差

高等教育公平问题的实质是制度问题,制度伦理是制度公平性的先决条件。当前,我国高等教育领域出现的教育公平问题主要源于制度性障碍,不断优化制度设计是解决问题的重点。"善"的制度能够保证高等教育沿着理想的设计良好运行,决定着高等教育的公平程度及制度实施效果。高等教育公平的制度建构蕴含着优化制度设计与完善制度伦理的内在要求,需要对"制度供给障碍""制度运行偏差""制度实施困境"等问题做出反思与回应。其中,制度运行是将教育制度付诸实施的过程,是实现高等教育公平的关键环节。教育制度仅具备公正性、包容性和发展性理念还远远不够，确保教育公平制度能够有效执行是从根源上预防教育公平问题产生的关键。许多教育公平问题的根源就在于制度运行过程中价值混乱、执行偏差和目标偏离导致的教育公平制度失真，从而影响了制度的运行效果。加强制度运行的"伦理自觉"，是实现制度运行的过程保障，也是提升教育公平制度运行效果以及实现高等教育公平有效治理的重要举措。具体来说，制度运行的"伦理自觉"主要体现在以下三个方面。

一、价值理念渗透于广泛认同的制度运行伦理

制度运行伦理是制度伦理的一个重要方面，是制度运行过程中所体现的价值理念、主体态度和行政规范等的总称，体现了制度主体对于教育制度内含的价值理念的认知水平，反映了制度主体对于教育制度内含的规则体系的认可程度，并最终体现在制度主体对于教育制度的执行态度方面。制度运行伦理存在的目的在于有效维系制度的严肃性、保障制度的有效性，因而成为制度建设中一项必不可少的内容。一个好的制度不仅需要有善的内容，还需要有规范的运行机制。如果在制度运行中缺少制度伦理来规范权力关系、调整利益关系、保障实施效果，那么就有可能造成制度运行不良或制度运行不畅，并成为高等教育公平问题的一个重要诱因。因此，为了有效应对教育制度运行过程中的各种冲突，需加强制度运行方面的伦理建设，理顺各种价值关系，避免各种利益失衡。

首先，公共精神是教育制度合法性的基石，也是教育制度有效运行的基础。高等教育公平的实现，要求以公共精神为核心价值，将公共利益至上作为制度运行伦理的基本原则，实现由"善政"到"善治"的双重规范。善治要求以追求公共利益为价值取向，以实现公共利益最大化为发展目标，形成完善的道德责任机制，并转化为指导行政行为的内在动力。例如，在高等教育领域中与教育机会分配相关的招生计划制订、大学招生录

取、考试考务工作等环节,这些涉及学生切身利益的教育公共服务领域,要求以公共利益的实现为出发点,在公平、公正、公开的原则下为所有考生服务,这是教育管理部门的一种制度伦理取向,也是教育行政的价值优先原则。高等教育改革必须坚守公共性价值,并将其作为教育行政有效性的基本标准。

其次,公正价值是制度执行伦理的核心。离开公正精神的价值支撑,无法维护和实现教育公平。在高等教育治理过程中,坚守公正的价值理念,保持制度运行的公正性,要求我们有平等的教育权益意识,有维护区域、城乡、民族等不同群体之间的教育公平的责任担当,这体现在教育资源配置方面,也体现在招生、考试和录取环节,乃至高考命题等细微之处。以高考命题的公正性为例,某些省份以《品味时尚》《移动支付》或《父亲高速违规该不该举报》等作为高考作文题目,这种"太城市化"的考试题目无视城乡考生的认知差异,对于教育弱势群体中的农村考生显然是不公平的。另外,近年来不断曝光的、有违公平的案件越来越多,诸如屡屡发生的考试作弊、招生丑闻、高考加分违规、自主招生违法违纪等。这些问题是制度伦理冲突的表现,现实矛盾错综复杂,既有制度本身问题,又有行政规范问题,二者相互联系,很难截然分开。

再次,责任伦理是制度运行的灵魂。加强教育行政部门及其工作人员的责任意识,直接关系到教育的正常发展、教育行政体系的正常运行以及教育制度的有效执行。以责任伦理为根本要求,明确政府在教育机会供给中的深层责任。特别是高考招生计划的制订定方面,我国优质的高等教育资源分布不均,各省(自治区、直辖市)高等教育资源存在较大差异,导致中央部委属院校高考录取机会的省际差异较大,为了使高等教育机会得到有效平衡,需要各级政府、高等学校具有高度的社会责任感,处理好教育供给过程中政府垄断和市场化供给之间的关系。在巩固大学扩招已有成果的基础上,通过追加增量和优化存量的合理方式使招生名额向落后地区倾斜，弥补落后地区高等教育机会供给不足的劣势，[①]逐步落实提供教育公共服务和推动社会公平的主体责任。

最后，人本理念是制度执行伦理的价值归宿。现代高等教育公平秉承以人为本位的发展观必然要求教育治理过程蕴含人性化的价值追求和实践取向。教育制度运行与教育价值实现是一个融合互动的过程，教育制度设计以人的发展为出发点，教育制度执行又以人的发展为旨归，将人本理念和维护教育公平的制度伦理价值体现在行政理念、行政模式和运行机制上，并切实贯穿到每一个具体行动中，从而把教育的发展引向公平、公正、科学的可持续发展轨道上来。例如，为了不断提升教育机会的适切性，我们通过系统改革不断优化招生录取环节的制度设计，减少刚性的限制，增加柔性的方法，创新制度运行机制，推进并完善平行志愿投档方式，增加高校和学生的双向选择机会，从而建立灵活、高效的高等教育公平运行的新机制，[②]保障学生教育选择的权利、接受适切教育的权利和实现充分自由发展的权利。

二、执行机制体现于严谨有序的共同行动纲领

制度执行偏差通常表现为结构性制度失真、区域性制度失真和组织性制度失真等方面。如果制度在执行过程中存在无法较好地贯彻执行的普遍性问题，这类制度失真可能主要是制度本身的特性所致，被称之为"结构性制度失真"；如果制度执行偏差仅在某类地区范围内发生，这类制度失真可以归因于制度的适应性问题，被称之为"区域性制度失真"；如果制度执行偏差仅在某些组织内部发生，这类制度失真更倾向归因于制度运行伦理范畴，被称之为"组织性制度失真"。因此，需要从制度运行机制层面，通过构建严谨有序的共同行动纲领，推进高等教育制度的公平目标

---

① 石大千,张卫东.高校扩招缩小了城乡收入差距吗[J].教育与经济,2017(5):37-47.
② 张继平,董泽芳.从筛选假设理论看高等教育入学公平的特点[J].教育与经济,2016(1):27-32.

的有效实现。

首先,加强行政伦理制度化,优化伦理规范体系。制度的有效运行需要行政伦理的规范性力量,加强行政伦理的制度化建构,是使各项行政工作有章可循的重要保障。实现行政伦理的制度化,建立制度运行的外在约束机制,主要包括三个层面:一是行政伦理法治化,依托法律的权威性、稳定性、针对性和有效性,结合各种实际问题对制度运行伦理进行规范。例如,我们当前推进考试立法及相关教育法制建设,就是从法律的视角来保障教育权利,通过法律的途径治理教育考试、招生、录取等的规范性问题。二是行政伦理政策化,依托政策规范的形式,明确作为约束行政主体行为的硬性规定。但政策路径需要防范地方保护主义、部门利益化,特别是上有政策下有对策、朝令夕改等现象,使制度无法有效执行。三是行政伦理纪律化,依托行政组织中的规章、纪律等方式将行政伦理规范制度化、规范化、系统化,并严格贯彻执行。例如,我国加强招生、考试、录取等环节的规章制度和纪律建设,端正工作作风,保证公开透明并接受各方面监督,实现参与招生和决策人员的专业性、程序规则的专业性,防范招生录取环节存在的权力寻租行为和拉关系、走后门等不良现象,保障高等教育公平的实现。

其次,完善信息公开机制,提高依法治教的透明度。权力腐败问题的根源一般不在于制度设计上,而在于制度运行过程不能公开透明,从而导致权力不受监督。因此,完善信息公开机制是防范信息垄断、权力寻租、行政腐败的一个重要环节。完善信息公开制度应从以下几方面着手:一是建立常态化的信息公开机制,实现教育治理的公开透明、社会监督的及时到位。随着《中华人民共和国政府信息公开条例》《教育系统信息公开实施办法》等文件的正式施行,政府和教育机构的信息公开机制不断完善,以法律的形式保障了民众的知情权,充分利用各种信息平台及信息传播渠道,使政府、民众、传媒之间形成良性互动。二是注重信息发布的权威性、时效性,本着便民的原则,让公民可及时获取政府信息,以便做出适当选择和行为安排。在社会关注度较高的高考招生方面,从 2005 年起教育部开始实施高校招生"阳光工程",明确要求高等学校的招生章程与计划、录取程序与结果等重要信息的公开透明,保障考生及家长的知情权,做到公开咨询方式、明示申诉渠道、通报违规事件、公示处理结果等,实现考试、招生、录取等环节的公开透明以及社会监督的及时到位。三是相关部门对公民对于发布的信息、有所疑惑的地方进行及时耐心的答疑解惑。总之,只有真正落实信息公开的各项制度,才能提升依法行政透明度,减少弱势教育群体信息缺失造成的高等教育公平的各种问题和负面舆论。

最后,完善监督机制,构建有效的外部伦理规范。监督机制是防范权力寻租、权力异化和权力腐败等问题的重要举措。当前,我国设置了政治监督机制、司法机制、审计机制等针对行政人员的约束机制,但制度运行机制不健全,信息不畅通,保障条件不完备。例如,我国的自主招生、高考加分、体育特长生资格认定、破格补录、调换专业等环节往往是教育腐败的"高发区"和行政伦理失范的"重灾区",导致高等教育的"公平性"屡屡遭到社会的质疑。要根除教育行政腐败的"黑幕",就要求高等学校扎紧"制度的笼子",建立有效的监督机制,加大对违规行为的惩戒力度,提高法治在考试、招生、录取等环节的威慑力。规范、有效的监督机制可以保障教育公平制度的顺利运行,使制度运行在程序和内容方面得到有效规范,从而依法保障高等教育公平的实现。

三、个体规范扎根于自愿自觉的制度践行信念

教育制度的有效运行,除了依赖"外在的"制度规范以外,还必须实现"内在的"道德自律。前者体现为一种外向的诉求,即保障制度运行的政策法规在多大程度上得到完善;后者意味着行政伦理对人的内在要求,即要求制度主体适当地超越功利,由纯粹的责任感、内在动力所达成的对制

度自身的守护。制度主体天然地联结着道德,这种联结依托非正式制度对主体"柔性"的约束。① 培育以道德自律为核心的内在制度,也是实现制度运行的"伦理自觉"的重要内容。

一方面,营造社会行政伦理环境,培育个体行政伦理品质。解决高等教育公平制度运行过程中的行政伦理失范问题,需要制度主体在道德自律中提升自觉意识,促成价值共识。这种共识是"无意形成的趋向""在时间的帮助下会变为传统",②即道德自律的形成,关键在于人的选择和"传统"的形成。根据新制度经济学的观点,"有用的规则如果被足够的人采用从而形成一定临界点,该规则便会成为传统保存下去,并通行于整个共同体,形成内在制度"。③ 也就是说,道德自律可以通过教育和选择过程建立起来。培育以道德自律为核心的内在道德约束,关键在于培育制度主体的行政伦理品质。行政伦理品质包括行政活动相关的伦理意识、伦理责任、伦理情感、伦理习惯和意志品质等,它是行政主体在关涉道德行为的行政活动中所表现出来的稳定特征和倾向,体现了教育行政过程和制度运行过程中的公共性价值。在行政伦理品质的培养过程中,强化行政伦理认识的关键是正确定位权力本质和权力关系。应使权力主体明确制度的规范运行方式,树立正确的权力观,使权力在规范性、合理化程序中运行,抵制各种诱惑以防止权力滥用。这种个体规范一旦养成,将使制度运行于制度伦理的规范框架下,体现为一种自愿、自觉的有序过程。通过制度践行信念的价值共识化解道德的个体差异,促成公德私德两个维度的协调。

另一方面,整饬行政伦理失范,重建行政规范。行政伦理失范是当今

① 王蕲,袁桂林.教育绩效责任的内涵及其实现路径选择——兼论公平有质量的选择性教育[J].外国教育研究,2014(4):66-73.
② 郑也夫.代价论——一个社会学的新视角[M].北京:三联书店,1995:26.
③ 柯武刚,史漫飞.制度经济学:社会秩序与公共政策[M].北京:三联书店,1998:35.

教育行政管理过程的重大隐忧,它侵蚀着公平公正的制度伦理精神。行政伦理失范有两个层面,技术层面表现为作假、贿赂、腐败等表层现象;精神层面表现为深层次的道德失范。对前者的治理需重建行政规范,对后者的治理有赖于主体的自觉和自律意识。行政规范的重建,当务之急是使行政规范制度化,并辅之以一定的惩罚措施来维护其权威性。① 行政伦理规范的支撑力有赖于个体自觉、自律和内心信念,有赖于来自规范性、公平观、正义感的伦理自觉行为,以及对于公平、正义、理性精神的心灵信仰和理性坚守。② 总之,行政主体自律的形成是一个长期、渐进的过程,只有通过制度规范约束和道德驱动自律两个维度的持续强化与交互融合,才能促使制度主体树立正确的行政品质、伦理道德和价值观念,使他律与自律紧密结合,从而保障教育公平制度的规范运行以及教育公平状况的逐步改善。

第三节　伦理导向:改进教育制度评估机制

"教育是民族振兴的基石,教育公平是社会公平的重要基础。"③努力实现高等教育公平是一项具有全局性和战略性的重要任务,也是高等教育改革的重要目标和价值追求。我国现代教育制度体系仍在生成和塑造的过程中,需要在对制度实施效果进行科学评价的基础上,不断优化制度设计。教育制度评价要体现系统性,应系统关注教育公平观、教育公平标准、教育公平监督与教育公平保障。通过有效的制度评价获取准确、充分的信息,作为决定制度调适、制度改进以及新制度生成的依据。

---

① 周光礼.学术自由的实现与现代大学制度的建构[J].高等教育研究,2003(1):62-66.
② 曹永国.无畏的中国教育学自觉之批判[J].现代大学教育,2016(6):30-34.
③ 胡锦涛.高举中国特色社会主义伟大旗帜为夺取全面建设小康社会新胜利而奋斗[M].北京:人民出版社,2007:37.

一、优化教育制度评价的伦理价值导向

从理论上讲,制度评价就是指按照一定的价值标准对制度设计和运行进行分析判断的过程,它既是理性认识的结果,又要突出价值导向。制度评价应关注制度伦理的价值问题,明确制度评价的出发点和立足点,以指导制度评价的全过程。尤其是教育制度评价方面,价值性因素越来越受到重视,强调制度评价过程不能缺少教育制度伦理的谨慎规制和价值导向作用,特别是以人为本、客观性、公正性、科学性等制度伦理价值。

首先,公平正义是我们评判教育改革的"阿基米德支点",是人类更高意义的价值目标,也是高等教育制度评估的基本立场。[①] 高等教育承担着一定的社会职能,大学是社会的良心,高等教育是实现社会公平的伟大工具。如果教育制度丧失了公平和正义,那么必然导致教育公平制度的异化,高等教育公平发展也难以真正实现。制度作为资源分配的重要手段,影响教育资源、教育机会、教育权益等分配的合理性,不同的教育制度安排决定了个人获得不同的教育权利、教育机会的现实性和可能性,对于教育制度安排的评价结果也会进一步影响教育权益、教育机会等教育利益结构的调整情况。[②] 所以,要解决教育公平问题,就要在教育制度评价的过程中突出公平正义的价值取向。

其次,以人为本,促进人的自由发展,是教育制度评价的出发点和立足点。将"以人为本"的理念贯穿制度评价全过程,说到底,就是遵循教育规律,提升教育制度的有效性和合理性。要明确人的现实需要的多元性,强调多元性评价;要明确人的教育需要的长远性,强调开放性评价;要明确教育制度是为了满足人的发展性目的,强调发展性评价。教育制度评价要坚持育人为本的价值导向,避免教育制度的评价内容、评价标准的单一和僵化。我们要将教育制度设计是否尊重了教育规律,是否遵循人的

① 杜时忠. 制度变革与学校德育[J]. 高等教育研究,2000(6):51-56.
② 张应强. 落实科学发展观,促进高等教育和谐发展[J]. 高等教育研究,2005(9):20-22.

发展规律,是否有利于学生自由选择权作为审视高等教育制度有效性的价值尺度,强调从供给端为学生提供适切的教育,以是否满足学生全面自由发展需求作为其核心评估域,使教育制度评价真正成为高等教育公平发展的内在动力。

最后,科学性、客观性是制度评价必须坚守的基本价值,也是判断其合理性的基本标准。保持制度评价的客观性、独立性导向,科学地考察和评价高等教育的不公平状况,是优化教育公平的制度设计,缩小高等教育差距,实现教育公平目标的关键。在制度评价过程中,防止制度评价活动趋于行政部门的功利观和价值导向,做到评价结果的客观公正;也不应过度依赖社会近期的宏观发展目标,做到评价结果的精细化。要构建科学的教育公平制度的分析框架和具体的、可操作的指标体系,对教育公平制度的现状做出准确评价,以反馈、指导制度调适过程,优化制度设计内容,建构科学的制度体系。

二、建立系统科学的制度评价指标体系

指标体系的选择是制度评价的关键,选择什么样的指标体系就决定了制度评价的价值导向。高等教育公平的实现是一个系统建构的过程,包含了公正性、包容性和发展性等多维价值,对公平制度的评价也要注意指标体系选择的系统性。具体来说,应当遵循以下几条原则:

首先,指标体系的选择既要考虑"工具性",更要考虑"价值性"。教育制度评价是工具性与价值性的统一,既包含了以制度目标为依据的制度内容、制度过程、制度结果的价值性判断,也包含了运用有效的评价技术和手段,对制度效果进行测量、分析、比较的过程。[①] 但在工具理性崇拜的理念下,制度评价的价值理性、制度伦理因素往往被弃之一旁。这固然与当前学术界对于定量研究方法的重视并有过分推崇定量研究方法的趋势

---

① 程印学,大学主体性教育模式的系统建构[J].教育学术月刊,2011(5):54-57.

有关,也与制度评价中定性评价的抽象性、指标不易客观衡量有关,从而导致那些相对可测量、易量化的指标成了主导。有形的、易量化的评价指标便于评价主体掌控,无形的、不易量化的评价指标易被评价主体忽视或轻视,导致教育制度评价注重即时的评价结果,甚至只做出符合自身利益的解释。"如果发展逻辑沿着工具理性的内在规律前进,就必然脱离原来伦理的、价值的理性基础……一切有'价值'的因素都会曲终人散",[①]导致制度评价过程的异化并形成功利性导向。然而,制度评价作为制度调适、制度优化的"指挥棒"和"方向标",价值性判断是制度评价回避不了的问题。我们需要在正确的指引下,保证教育制度评价始终沿着正确的方向前进。例如,在强调政治、经济等"社会"的片面需求的教育评估域中,"效率优先"成为评价的传统路径,"资源驱动"成为教育制度的评价惯性,"能力至上"是教育评价的默认逻辑,"精英主义"是教育评价的隐含取向,在这种理念下,"事实上存在的重点学校制度""流动人口子女教育机会获得不平等制度""重点大学招生本地化制度"等有着直接排斥效应的教育制度也"理所当然"地成为合理的存在。[②] 殊不知,"效率优先""资源驱动""能力至上""精英主义"所导致的资源配置的刻意倾斜以及由此造成的城乡差距、地区差距、人群差距,[③]已经悄然地完成了对受教育者的"内部"选拔,使教育变成"优者通吃"的游戏。而为了"优秀"衍生出的"择校热"以及变相择校——"学区房"则将这场本是"学生"一个人的竞赛演绎成一场"全民运动"。[④] 教育制度在实践中与制度目标相背离导致丧失了"为了人的发展"的制度根基,就会造成教育制度的导向性失误。而制度评价是教育发展的手段,在制度评价的价值性反思中,我们需要重新思考"要什么样的教育发展"和"要什么样的平等"等价值判断。

---

① 张意忠.教育评价的价值取向探究[J].中国高等教育评估,2002(02):36-38.
② 闫伯汉.教育在社会再生产机制中——一个文献综述[J].教育学术月刊,2017(10):3-11.
③ 吴康宁.教育机会公平的三个层次[N].中国教育报,2010.3.
④ 程天君.新教育公平引论——基于我国教育公平模式变迁的思考[J].教育发展研究,2017(2):1-11.

其次，指标体系的选择既要强调"普适性"，更要强调"特殊性"。高等教育公平的制度评价，既要反映全社会对教育公平的普遍性期待，又要能够照顾到特殊群体的价值关怀，处理好全社会价值期待与特殊群体（特别是弱势群体）利益诉求的关系。一方面教育作为一种专门性的社会活动，必然与公正性价值相关联，如果不将公正性的普遍性价值反映在教育制度评价指标体系之中，教育制度评价的方向就可能偏离。另一方面，我国教育发展情况既复杂又特殊，且极不平衡。因此，评价教育制度效果以及在落实教育公平的过程中，还必须从我国国情出发，处理好普遍性与特殊性的关系，要在包容性制度伦理精神统摄下，积极保障弱势群体寻求发展的权益，在推进公共教育资源的均等化和消除高等教育入学机会的不平等竞争方面有所作为。这就要求制度评价指标体系的选择要在"普适性"与"特殊性"之间寻求一个恰当的平衡点，这也是遵循高等教育公平的公正性、包容性和发展性制度伦理价值的必然要求。我们需要在兼顾教育公平与教育效率、竞争性机会与保障性机会、教育精英主义与人民普遍期待的基础上寻求更加有效的制度评价方式，努力为人的自由全面发展提供均等的教育机会和基本的制度保障。[①] 如果评价指标体系无法满足普遍性要求，那么将有可能使教育制度评价偏离教育系统自身价值期待，如果评价指标体系无法满足特殊性要求，同样违背了制度评价的教育性标准的基本立场。

最后，指标体系的选择既要注意"愿景性"，更要反映"现实问题"。由于高等教育公平是绝对性与相对性、有限性与无限性的统一，对于教育公平制度的评价需要兼顾"愿景性"和"问题性"双重视角。高等教育公平是一个长期的过程，强调"愿景性"就是要明确制度供给的宗旨、目标、动力、价值和方向，明确高等教育公平制度建构的价值导向，才能保持制度反思、制度调适、制度建构的持续性；强调"现实困境或当下问题"，就是明确

---

① 糜海波.论教育伦理视域下的教育公正[J].高等教育研究，2017(2)：20-24.

某个阶段的具体任务和战略重点。因此,对于教育公平制度的效果评价,要注重具体性、阶段性与愿景性、目标性的统一,不应拘泥于高等教育公平的现实视域,更要兼顾高等教育公平的发展方向与改革空间,把诊断性评价、终结性评价、过程性评价、发展性评价等不同评价尺度融入制度评价的指标体系中,注重长期目标的局部评价、远景目标的阶段评价和系统目标的动态评价,在仰望星空的同时保持对现实问题的警醒,在愿景激励中脚踏实地,勇敢地面对现实困境、实践问题和各种挑战。

三、构建制度评价与调适的动态循环机制

高等教育制度评价是对高等教育制度本身所做出的价值判断,旨在发现制度制定和制度执行过程中存在的问题,从而寻求制度建构系统的改进,是制度修正、制度变革或制度终结的基本依据。[①] 因此,制度评价是常态化制度过程的重要环节,是制度建构的一个关键控制点,它既是对前一轮教育制度运行效果的总结,同时也是新一轮制度调适、制度创新和制度改革的起点。当前,如何以科学的教育决策过程保障政府的制度创新能力,是不断深化教育领域综合改革中的一项重要任务。要实现高等教育决策的科学化和民主化,提高政府的制度能力,就必须加强高等教育制度评价研究。尽快建立完善的制度评价机制和制度动态调适机制,是推进决策的科学化、民主化的重要组成部分,也是深化教育行政改革,以良法促进发展、实现善治的重要保障。高等教育公平的制度化建构和有效实施,必须经过专家咨询、战略分析和充分的论证评估,以基础性、战略性研究或发展评价研究作为重要教育决策的依据和参考。

教育制度评价是对教育制度的运行过程及执行效果的评价,是制度优化的"风向标"与"推进器"。建立有效的教育制度评价机制,健全和完善制度设计、制度运行、制度评价、制度调适的科学建构过程,是从教育科

---

① 徐力,徐辉.加强我国高等教育政策研究的若干思考[J].高等教育研究,2001(1):58-62.

学决策这一源头来提升教育制度的科学性和有效性的重要保障。所以,在现有的教育治理架构内,科学的制度建构过程包括制度制定机制、制度执行机制、制度评价机制和制度调适机制。目前,我国的教育制度建构过程尚未建立起系统的、科学的、完善的体制,特别是建立制度评价机制和制度调适机制已成为当前教育决策改革的当务之急。教育制度评价的目的是改进制度制定、执行过程以及提升制度效果,制度评价过程不是坐而论道,因此必须强化制度评价主体的实践意识,评价工作必须从实际出发,以线性的动态反馈的结构展开。坚持以"教育问题"为起点,按照"制度议题""制度设计""制度运行""制度评价""制度调适"等相继运行的制度流程不断延展,制度评价是制度全过程中保障制度运行效果的一个重要环节。制度评价不仅关涉制度的内容文本结构的合理性问题,包括制度价值是否合理、制度目标是否妥当、制度重点是否准确、制度内容能否代表不同利益群体的利益诉求等问题,还关系到制度实施的效果以及如何纠正制度偏差等后续问题。可以说,离开了科学合理的制度评价环节,制度建构的质量就无从保障,制度实施的效果也缺失了判断依据。建立持续的制度评价制度是确立制度动态调适的循环过程的关键所在。制度评价要强化实践意识,能为现实教育决策提供真正有效的决策咨询服务,这是制度评价的价值所在。

参考文献

>>>

[1] 弗里德利希·冯·哈耶克. 法律、立法与自由 [M]. 邓正来,张守东,李静冰,译. 北京:中国大百科全书出版社,2000.

[2] 伯顿·克拉克. 高等教育系统——学术组织的跨国研究 [M]. 王承绪,徐辉,殷企平,等,译. 杭州:浙江大学出版社,1994.

[3] 周怡,朱静,王平,等. 社会分层的理论逻辑 [M]. 北京:中国人民大学出版社,2016.

[4] 谢维和,文雯,李乐夫. 中国高等教育大众化进程中的结构分析——1998—2004 年的实证研究 [M]. 北京:教育科学出版社,2010.

[5] 罗尔斯. 正义论 [M]. 何怀宏,何包钢,廖申白,译. 北京:中国社会科学出版社,2017.

[6] 罗尔斯. 作为公平的正义——正义新论 [M]. 姚大志,译. 上海:三联书店出版社,2002.

[7] 布莱恩·巴里. 正义诸理论 [M]. 孙晓春,曹海军,译. 长春:吉林人民出版社,2004.

[8] 约翰·S. 布鲁贝克. 高等教育哲学 [M]. 王承绪,郑继伟,张维平,等,译. 杭州:浙江大学出版社,1987.

[9] 中共中央马克思恩格斯列宁斯大林著作编译局. 马克思恩格斯全

集（第 19 卷）［M］. 北京：人民出版社，1965.

［10］中共中央马克思恩格斯列宁斯大林著作编译局. 马克思恩格斯选集（第 3 卷）［M］. 北京：人民出版社，1995.

［11］中共中央马克思恩格斯列宁斯大林著作编译局. 马克思恩格斯选集（第 1 卷）［M］. 北京：人民出版社，2012.

［12］亚里士多德. 政治学［M］. 秦典，译. 北京：中国人民大学出版社，2003.

［13］杜威. 杜威五大演讲［M］. 合肥：安徽教育出版社，2005.

［14］高兆明. 制度伦理研究——一种宪政正义的理解［M］. 北京：商务印书馆，2011.

［15］R. Erikson，J. O. Jonsson. Explaining class inequality in education：the swedish test case［M］. Boulder：Westview Press，1996.

［16］刘复兴. 教育政策的价值分析［M］. 北京：教育科学出版社，2003.

［17］茅于轼. 中国人的道德前景［M］. 广州：暨南大学出版社，2003.

［18］吉道格拉斯·诺斯. 经济史中的结构与变迁［M］. 上海：上海三联书店，1994.

［19］丹尼尔·布罗姆利. 经济利益与经济制度——公共政策的理论基础［M］. 上海：上海三联书店，1996.

［20］登斯. 社会的构成［M］. 李康，译. 北京：三联书店，1988.

［21］刘海峰. 高校招生考试制度改革研究［M］. 北京：经济科学出版社，2009.

［22］关晶. 现代职业教育体系的"现代性"辨析［J］. 中国高教研究，2014(11).

［23］托马斯·R. 戴伊. 理解公共政策［M］. 谢明，译. 北京：中国人民大学出版社，2011.

[24] 郑也夫. 代价论———一个社会学的新视角 [M]. 北京：三联书店，1995.

[25] 柯武刚，史漫飞. 制度经济学：社会秩序与公共政策 [M]. 北京：三联书店，1998.

[26] 罗志敏. 大学学术伦理及其规制研究 [D]. 武汉：武汉大学，2010. 别敦荣. 普及化高等教育的基本逻辑 [J]. 中国高教研究，2016（3）.

[27] 石中英. 教育机会均等的内涵及其政策意义 [J]. 北京大学教育评论，2007（4）.

[28] 常泓，侯赞华. 公平施政：内涵、结构及其功能 [J]. 学术论坛，2016（2）.

[29] 孙来斌. 马克思公平观有何理论特质 [J]. 人民论坛，2017（26）.

[30] 胡洪彬. 我国教育公平研究的回顾与展望———基于 2002—2012 年 CNKI 期刊数据的分析 [J]. 教育研究，2014，35（1）.

[31] 郭元祥. 对教育公平问题的理论思考 [J]. 教育研究，2000（3）.

[32] 石中英. 教育公平的主要内涵与社会意义 [J]. 中国教育学刊，2008（3）.

[33] 田正平，李江源. 教育公平新论 [J]. 清华大学教育研究，2002（1）.

[34] 罗绒战堆，次仁央宗，达瓦次仁. 机会的供给与把握———构建和谐西藏的一个重要因素及相关经济学分析 [J]. 中国藏学，2008（1）.

[35] 黄照旭，郑晓齐. 高等教育入学机会公平问题中的公平标准探讨 [J]. 江苏高教，2008（3）.

[36] 王本陆. 教育公正：教育制度伦理的核心原则 [J]. 华南师范大学学报：社会科学版，2005（4）.

[37] 高兆明. 制度伦理与制度"善" [J]. 中国社会科学，2007（6）.

［38］ 田雪飞，史万兵，马士军. 我国高等教育制度伦理的维度研究 ［J］. 东北大学学报：社会科学版，2013，15(6).

［39］ 杨清荣. 制度的伦理与伦理的制度——兼论我国当前道德建设的基本途径 ［J］. 马克思主义与现实，2002(4).

［40］ Loris Vergolini，Eleonora Vlach. Family background and educational path of Italian graduates ［J］. Higher Education，2017. 73(2).

［41］ Claudia Pigini，Stefano Staffolani. Beyond participation：do the cost and quality of higher education shape the enrollment composition? The case of Italy ［J］. Higher Education，2016，71(1).

［42］ Robert Haveman，Barbara Wolfe. The determinants of children's attainments：A Review of methods and findings ［J］. Journal of Economic Literature，1995，33(4).

［43］ John Jerrim，Anna Vignoles. University access for disadvantaged children：a comparison across countries ［J］. Higher Education，2015，70(6).

［44］ 佐藤孝弘. 日本教育不公平问题分析 ［J］. 教育与经济，2010(2).

［45］ Adrian Raftery，Michael Hout. Maximally maintained inequality：Expansion，reform，and opportunity in Irish Education 1921-1975 ［J］. Sociology of Education，1993，66(6).

［46］ Shavit，Yossi，Blossfeld，Hans-Peter. Persistent inequality：Changing educational attainment in thirteen countries. Social inequality series ［J］. British Journal of Educational Studies，1993，42(4).

［47］ Samuel R. Lucas. Effectively Maintained Inequality：Education Transitions，Track Mobility，and Social Background Effects ［J］.

American Journal of Sociology, 2001, 106(6).

[48] Ayalon H, Shavit Y. Educational Reforms and Inequalities in Israel: The MMI Hypothesis Revisited [J]. Sociology of Education, 2004, 77(2).

[49] Breen R, Goldthorpe J H. Explaining Educational Differentials: Towards a Formal Rational Action Theory [J]. Rationality & Society, 1997, 9(3).

[50] Robert Mare. Social Background and School Continuation Decisions [J]. Publications of the American Statistical Association, 1980, 75(370).

[51] Meschi E, Scervini F. Expansion of schooling and educational inequality in Europe: the educational Kuznets curve revisited [J]. Gini Discussion Papers, 2014, 66(3).

[52] 文东茅. 家庭背景对我国高等教育机会及毕业生就业的影响 [J]. 北京大学教育评论, 2005(3).

[53] Clancy P. Higher Education in the Republic of Ireland: Participation and Performance [J]. Higher Education Quarterly, 2010, 51 (1).

[54] Camara W J, Schmidt A E. Group Differences in Standardized Testing and Social Stratification. Report No. 99-5 [J]. College Entrance Examination Board, 1999.

[55] Wadhwa R. Unequal origin, unequal treatment, and unequal educational attainment: Does being first generation still a disadvantage in India? [J]. Higher Education, 2017(4).

[56] Konstantinovskiy D L. Expansion of higher education and consequences for social inequality (the case of Russia) [J]. Higher Edu-

cation，2017.

[57] Blanden J，Machin S. Educational inequality and the expansion of UK higher education [J]. Scottish Journal of Political Economy，2013，60(5).

[58] 郝大海. 中国城市教育分层研究（1949—2003）[J]. 中国社会科学，2007(6).

[59] 李春玲. 高等教育扩张与教育机会不平等——高校扩招的平等化效应考查 [J]. 社会学研究，2010，25(3).

[60] 蒋洪，马国贤，赵海利. 公共高等教育利益归宿的分布及成因 [J]. 财经研究，2002(3).

[61] 杨东平. 高等教育入学机会：扩大之中的阶层差距 [J]. 清华大学教育研究，2006(1).

[62] 刘精明. 高等教育扩展与入学机会差异：1978～2003 [J]. 社会，2006(3).

[63] 钟秉林，赵应生. 我国高等教育大众化进程中教育公平的重要特征 [J]. 北京师范大学学报：社会科学版，2007(1).

[64] 刘精明. 扩招时期高等教育机会的地区差异研究 [J]. 北京大学教育评论，2007(4).

[65] 路晓峰，邓峰，郭建如. 高等教育扩招对入学机会均等化的影响 [J]. 北京大学教育评论，2016，14(3).

[66] 孟凡强，初帅，李庆海. 高等教育规模扩张是否缓解了城乡教育机会不平等？[J]. 教育与经济，2017(4).

[67] 陈晓宇. 谁更有机会进入好大学——我国不同质量高等教育机会分配的实证研究 [J]. 高等教育研究，2012，33(2).

[68] 吴晓刚. 1990—2000 年中国的经济转型、学校扩招和教育不平等 [J]. 社会，2009(5).

［69］李春凯，吴炜. 民族身份、城乡分割与高等教育不平等［J］. 北京社
会科学，2017(9).

［70］谢作栩，王伟宜. 高等教育大众化视野下我国社会各阶层子女高等
教育入学机会差异的研究［J］. 教育学报，2006(2).

［71］丁小浩，梁彦. 中国高等教育入学机会均等化程度的变化［J］. 高
等教育研究，2010，31(2).

［72］王伟宜，优质高等教育资源获得的阶层差异状况分析：1982—
2010——基于我国 7 所重点大学的实证调查［J］. 教育研究，2013
(7).

［73］张小萍，张良. 中国高质量大学入学机会和招生偏好研究——以
"211"高校为例［J］. 高等教育研究，2015(7).

［74］杨江华. 我国高等教育入学机会的区域差异及其变迁［J］. 高等教
育研究，2014(12).

［75］Polkinghorne D E. Narrative and self-concept［J］. Journal of Nar-
rative & Life History，1991，1(2-3).

［76］刘海峰. 高考改革应该坚守的价值与原则［J］. 人民教育，2017
(Z2).

［77］郝文武. 教育公平与社会公平相互促进的关系状态和基本意
义［J］. 北京师范大学学报：社会科学版，2011(4).

［78］高耀，刘志民. 机会扩展、社会分层与高等教育公平——基于高校
学生调查数据的实证研究［J］. 教育科学，2015(1).

［79］张建新. 高等教育公平的历史轨迹——云南大学近五十年不同社
会阶层子女接受高等教育机会探析［J］. 清华大学教育研究，2008
(6).

［80］张鹏，于伟. 我国农村高等教育空间不均衡的演进和解释［J］. 教
育与经济，2014(6).

[81] 乔锦忠. 高等教育入学机会的城乡差异 [J]. 教育学报，2008(5).

[82] 王亮. 高等教育公平：过程与结果的双重思索 [J]. 社会科学战线，2013(1).

[83] 未增阳，陈新忠. 高等教育入学机会公平的财政促进政策探析 [J]. 当代教育科学，2012(17).

[84] 邹之坤，李洋. 我国高等教育的伦理问题研究 [J]. 黑龙江高教研究，2011(2).

[85] 韩梦洁，宋伟. 新中国成立以来高等教育区域结构的制度安排与反思 [J]. 河南大学学报：社会科学版，2014，54(1).

[86] 张应强，马廷奇. 高等教育公平与高等教育制度创新 [J]. 教育研究，2002(12).

[87] 陈卓. 超社会资本、强社会资本与教育公平——从当今中国教育影响社会分层的视角 [J]. 青年研究，2010(5).

[88] 刘海峰，李木洲. 高考分省定额制的形成与调整 [J]. 教育研究，2014(6).

[89] 刘海峰，李木洲. 教育部直属高校应分布至所有省区 [J]. 高等教育研究，2012(12).

[90] 陈潭，胡晓. 罗尔斯原则与高等教育公平的制度逻辑 [J]. 现代大学教育，2008(4).

[91] 郅庭瑾. 教育管理制度伦理问题研究 [J]. 华东师范大学学报：教育科学版，2006(4).

[92] 周旺生. 论作为高层次伦理规范的正义 [J]. 法学论坛，2003(4).

[93] 方军. 制度伦理与制度创新 [J]. 中国社会科学，1997(3).

[94] 赵晔，钱继磊. 财政政策的伦理分析——基于程序正义的维度 [J]. 地方财政研究，2012(9).

[95] 何建华. 马克思与罗尔斯的公平正义观：比较及启示 [J]. 伦理学

研究，2011(5).

[96] 李佃来. 马克思正义思想的三重意蕴 [J]. 中国社会科学，2014 (3).

[97] 刘国瑞，高树仁. 高等教育转型的结构—制度整合模式 [J]. 教育研究，2017，38(5).

[98] 谌林. 马克思对正义观的制度前提批判 [J]. 中国社会科学，2014 (3).

[99] Smart K，Kogan M. Educational Policy Making：A Study of Interest Groups and Parliament [J]. American Political Science Association，1975，25(1).

[100] 任增元，刘元芳. 大学潜在制度伦理问题与匡正思考——以 "211""985"标准的滥用为例 [J]. 清华大学教育研究，2010(5).

[101] 王结发. 制度认同与政治合法性 [J]. 行政与法，2014(5).

[102] 李子彦. 教育中介组织参与公共教育治理：功用、困境及路径 [J]. 黑龙江高教研究，2017(3).

[103] 徐海娇，柳海民. 教育理论实践价值的限度及其生成 [J]. 中国教育学刊，2017(3).

[104] 伍宸，洪成文. 异地高考制度风险分析及规避机制研究 [J]. 清华大学教育研究，2013(3).

[105] 杜文静，葛新斌. 西方教育政策评估模式的演进及其启示 [J]. 清华大学教育研究，2017(2).

[106] 王炳书. 实践理性问题研究 [J]. 哲学动态，1999(1).

[107] 程天君. 新教育公平引论——基于我国教育公平模式变迁的思考 [J]. 教育发展研究，2017(2).

[108] 徐力，徐辉. 加强我国高等教育政策研究的若干思考 [J]. 高等教育研究，2001(1).

[109] 胡锦涛. 高举中国特色社会主义伟大旗帜为夺取全面建设小康社会新胜利而奋斗 [M]. 北京：人民出版社，2007.

[110] 张意忠. 教育评价的价值取向探究 [J]. 中国高等教育评估，2002（2）.

[111] 闫伯汉. 教育在社会再生产机制中———一个文献综述 [J]. 教育学术月刊，2017（10）.

[112] 李政涛. 中国社会发展的"教育尺度"与教育基础 [J]. 教育研究，2012（3）.

[113] 刘精明. 中国基础教育领域中的机会不平等及其变化 [J]. 中国社会科学，2008（5）.

[114] 单培勇. 略论国民素质发展规律 [J]. 河南师范大学学报：哲学社会科学版，2011（3）.

[115] 吴康宁. 教育机会公平的三个层次 [N]. 中国教育报，2010-03.

[116] 程印学，大学主体性教育模式的系统建构 [J]. 教育学术月刊，2011（5）.

[117] 曾继耘. 论差异发展教学与教育公平的关系 [J]. 中国教育学刊，2005（6）.

[118] 葛新斌，杜文静. 教育公平诉求中的民粹主义倾向批判 [J]. 高等教育研究，2016，37（5）.

[119] 张应强. 落实科学发展观，促进高等教育和谐发展 [J]. 高等教育研究，2005（9）.

[120] 吕寿伟. 分配，还是承认———一种复合的教育正义观 [J]. 教育学报，2014，10（2）.

[121] 杜时忠. 制度变革与学校德育 [J]. 高等教育研究，2000（6）.

[122] 许双成，张立昌. 论教育的人格分等及公平矫正 [J]. 教育科学，2016（5）.

[123] 曹永国. 无畏的中国教育学自觉之批判 [J]. 现代大学教育，2016 (6).

[124] 徐梦秋. 机会的公平和规则的公平 [N]. 光明日报，2016-4-27.

[125] 温泽彬. 受教育权的多元属性是分省定额制招生改革的法理依据 [J]. 法学，2016(8).

[126] 唐子茜. 机会平等保障中的政府责任分析 [J]. 中国特色社会主义研究，2014(6).

[127] 景安磊，周海涛. 高等学校考试招生制度改革的四维向度 [J]. 高等教育研究，2017(8).

[128] 糜海波. 论教育伦理视域下的教育公正 [J]. 高等教育研究，2017(2).

[129] 覃有土，韩桂君. 略论对弱势群体的法律保护 [J]. 法学评论，2004(1).

[130] 孙渝红. 美国高等教育中的少数族裔问题探析 [J]. 比较教育研究，2008(12).

[131] 王怡伟. 新世纪法国大学校社会开放运动探究 [J]. 比较教育研究，2013(5).

[132] 凌磊. 韩国一流大学弱势群体招生考试探析——以首尔国立大学、高丽大学和延世大学为例 [J]. 外国教育研究，2017(11).

[133] 王夙，袁桂林. 教育绩效责任的内涵及其实现路径选择——兼论公平有质量的选择性教育 [J]. 外国教育研究，2014(4).

[134] 周光礼. 学术自由的实现与现代大学制度的建构 [J]. 高等教育研究，2003(1).

[135] 张继平，董泽芳. 从筛选假设理论看高等教育入学公平的特点 [J]. 教育与经济，2016(1).

[136] 沈超儿，单佳平. 高考招生新制度——促进学生全面发展的视

角［J］. 中国高等教育，2017(8).

[137] 石大千，张卫东. 高校扩招缩小了城乡收入差距吗［J］. 教育与经济，2017(5).

[138] 尹达.“新高考”的价值取向、现实挑战与路径选择［J］. 陕西师范大学学报：哲学社会科学版，2017(4).

[139] 张烨. 教育政策分析的制度伦理视角［J］. 清华大学教育研究，2005(1).

[140] 王海平. 学校教育与校外教育结合的政策话语演变——基于 Nvivo 的政策文本分析［J］. 教育理论与实践，2017(28).

[141] 黄萃，任弢，张剑. 政策文献量化研究：公共政策研究的新方向［J］. 公共管理学报，2015(2).

[142] 彭辉. 基于内容分析法的上海市科技创新政策文本分析［J］. 大连理工大学学报：社会科学版，2017(1).

[143] 曲洁. 义务教育改革与发展的政策工具研究［J］. 复旦教育论坛，2011(5).

[144] 许文彬. 信息、制度与制度变迁［J］. 学术月刊，2010(7).

[145] 董秀华，王薇，王洁. 新高考改革的理想目标与现实挑战［J］. 复旦教育论坛，2017，15(3).

[146] 文军，顾楚丹. 教育公平向何处去？——基于教育资源供给三阶段的思考［J］. 国家教育行政学院学报，2017(1).

[147] Levin H M. Educational Opportunity and Social Inequality in Western Europe［J］. Social Problems，1976，24(2).

[148] 钟秉林. 深化综合改革，应对高考招生制度改革新挑战［J］. 教育研究，2015(3).

[149] 张德祥. 试论高等教育机会问题［J］. 社会科学辑刊，2000(4).

[150] 杨卫安，邬志辉. 城乡教育关系制度变迁的规律性探索及启

示［J］. 现代教育管理，2015(10).

［151］张德祥，林杰. "高等教育内涵式发展"本质的历史变迁与当代意蕴［J］. 国家教育行政学院学报，2014(11).

［152］张家军，杨浩强. 我国教育政策的城乡差异及其伦理反思［J］. 教育理论与实践，2012(19).

［153］傅维利. 我国高考改革的困境、出路及新方案设计［J］. 教育研究，2009，30(7).

［154］郑若玲. 高考改革的困境与突破［J］. 厦门大学学报：哲学社会科学版，2017(3).

［155］张继平，欧阳光华. 美国优质高等教育入学机会公平问题的产生及解题分析［J］. 现代教育管理，2017(3).

［156］刘春惠. 基于利益博弈的高等教育重点建设政策效果评估分析——以"211 工程"为例［J］. 清华大学教育研究，2015(3).

［157］项贤明. 论教育目的的公平转型［J］. 华东师范大学学报：教育科学版，2017(2).

［158］王有升. 国家教育意志与教育公权力的运行体制分析——对国家与教育关系的一种理论探讨［J］. 南京师大学报：社会科学版，2011(5).

［159］杨思帆. 处境不利儿童教育补偿政策的理论基础、国际经验及本土策略——基于美国、印度两国教育政策的分析［J］. 西南大学学报：社会科学版，2017(5).

［160］陈文，宋小娇. 高等教育公平补偿政策优化前瞻——以农村贫困地区专项招生政策为例［J］. 江苏高教，2015(1).

［161］蒋华林. 我国高等教育"块块分割"的效应及制度分析［J］. 高等教育研究，2016(4).

［162］蒋洪池，梁燕，彭元珍. 我国实现"异地高考"的阻力分析与消解

策略［J］. 高教探索，2013(1).

［163］许丽英. 论教育补偿机制的构建——义务教育资源均衡配置的实现路径探讨［J］. 教育发展研究，2010(19).

［164］余秀兰，白雪. 向农村倾斜的高校专项招生政策：争论、反思与改革［J］. 高等教育研究，2016(1).

［165］刘希伟. "高考移民"的新动向与治理策略［J］. 教育发展研究，2015(Z2).

［166］金保华，刘晓洁. 高等教育供给侧结构性改革的理论逻辑与实践路径［J］. 教育与经济，2016(6).

［167］张芃. 高考改革的目标模式与推进策略［J］. 教育研究，2012(8).